君なお生きて我らの中に

永田廣志の生涯

永田廣志研究会・編

花伝社

君なお生きて我らの中に——永田廣志《ひろし》の生涯《しょうがい》◆目次

序章　永田廣《ひろ》志《し》を探しに

松本中学で永田廣志と机を並べた高橋玄一郎は、
〈こんな高原の街もただひとりのすぐれた哲学徒の臨終の地であったことで意味のある街になるかもしれない〉と書いた。

そして永田廣志との別れの最後を、
〈生きの身の限りをつくし／つつましきいのち傾く／在りし日の姿のままに／先立ちてなお君はゆく／君は旗　つづくわれらの／世の旅のしるしなりけり〉と詩で結んだ。

「こんな高原の街」というのは長野県の中央に位置する松本市で、永田廣志が生まれた東筑摩郡の山形村は松本市の西隣にある。松本から上高地へ向かう上高地線の新村駅で降り、南に三キロほど進んだところにある山形村は、中心部はなだらかな傾斜地で小学校や村役場、そして診療所などがあり、南に向かう道路を進むと朝日村と塩尻市に続いている。

この地域は江戸時代の初めには高遠領だった時代もあるが、幕府の直轄地（天領・註①）の時代が続いた。そのため他所よりも年貢が安かったこともあり寺子屋の数も多く、村民への教育がよく行き渡っていた。

山形村の『村誌』にはこう書かれている。

〈山形村小学校の大正期の卒業生から優れた先輩を拾うとすれば、唯物論哲学者として日本の思想史のうえに不朽《ふきゅう》の業績を残した永田廣志をまずあげねばならない〉

永田廣志の家は先祖代々庄屋を務めていた。廣志の祖父永田久吉《きゅうきち》は、明治七年にそれまでの大池村、小坂村、竹田村が合併して山形村となった時の初代村長だった。

時代は移り永田廣志が生きた時代のことを知っている人たちは少なくなってきた。日本の思想史に不朽の業績を残した永田廣志はどのような生き方をしたのだろうか。

では一緒に永田廣志を探しに出てみよう。

一

あったことでも探してみないと、なかったことと同じになってしまう。人間の場合でも同じことだ。彦じいさんはそんなことを考えながら玄関の戸を開けた。

「じいちゃん、どこへ行ってきたの」と孫の勇次が聞いた。

「永田廣志の勉強会さ」

「それって誰なの」

「そうだな。この村に生まれた偉い哲学者だが」

と言いかけた彦じいさんは、どう話したら中学生の勇次にも分かるかなと考えた。

「勇次は福沢諭吉を知っているな」と言い始めると、

「知っているさ。一万円札の人だろう。うちにはなかなか来ないけどね」と乗ってきた。

「どうしてうちには福沢諭吉が来ないのかな」

「父ちゃんが失業したからいけないんだ」

勇次の顔は泣き出しそうだった。

勇次の父親の勤めていた会社が三年前に倒産した。それで市内のマンションに住んでいた家族はこの祖父の家で暮らすようになった。父親は一流企業の勤めから小さな会社に変わり今は夜の勤務もある。母親も毎日パート仕事に出ている。

「失業したのは本人がいけなかったのかな。福沢諭吉はみんなが平等でなくてはいけないと言ったけれど、なかなかそうならない。勇次は福沢諭吉を偉い人だと思っているかい」

「そりゃあ偉いと思うさ。有名な言葉（註②）を残したんだもの」

「永田廣志はその福沢諭吉を研究した人だ。いや福沢を研究したのはもっと後のことだが――」

彦じいさんはもっと身近なことから話さなくてはいけないと考えた。

「小学校のグラウンドの前に大きな記念碑があるだろう。あれが永田兵太郎《ひょうたろう》という人の記念碑だ」

彦じいさんがそう言った時に玄関の戸が開いて、兄の勇一が帰ってきた。

「兄ちゃん、永田廣志って知っているかい」

勇次が声をかけたが勇一は、

「知らないよ」とそっけなく答えた。

「兵太郎は村の小学校に土地や運動場を寄付したり、長野市の善光寺の仁王門を寄進したほどの金持ちだったが子どもがいなかった」（註③）

彦じいさんはそう言ってから、勇一の様子が普段と違うのに気付いた。

「永田廣志が入った松本中学というのは、いま勇一が通っている松本深志高校のことさ。山形小学校から校長先生の推薦《すいせん》で入学した（註④）秀才だった」と話の先を勇一に向けた。

「だいぶ昔の人だね。その人、どこの大学へ行ったの」

勇一が関心を示して聞いてきた。

「東京のロシア語を勉強する大学だ」

「へー、ロシア語か。僕は外国語が苦手だよ」

そう言った勇次をちょっと見た後、彦じいさんの頭に今日の勉強会のことが浮かんだ。

「村一番の財産家の兵太郎が頭のいいと評判の廣志を、大学へ行く前に養子に迎えようとしたのさ」

「お金持ちは跡継ぎが心配なんだろうさ」

と言いながら勇一も会話に加わってきた。

「来週、先生と親を交えて進学相談があるけれど、うちには僕が進学する余裕はないよね」

「そうか。それが心配だったのか。お金がかからない進学方法だってあるだろう」

そう言ってから彦じいさんは永田兵太郎に話を戻して、

「永田兵太郎がどれほど金持ちだったかは鷹《たか》の窪《くぼ》公園へ行くと分かる」と言った。

勇次が「僕、行ったことがある」と答えてから、

「広い公園だよね。あの公園はその人が造ったの」と聞いた。

「そうなんだ。昔は兵太郎公園と呼ばれていたが今は村に寄付されたのさ」

「それで永田廣志はどうなったの」

と勇一が話を戻した。

「進学問題で悩んでいたようだが大学へ入学してから養子を断ったそうだ」

彦じいさんの答えに勇一は興味が湧いた。

二

鷹の窪自然公園は山形村の西の山裾《やますそ》にある。永田兵太郎に興味が湧いた勇一は五月の連休の最後の日に「公園へ行ってみよう」と弟を誘った。

「兄にしては珍しい」と思いながら勇次は自転車を引っ張り出して坂道を付いて行った。秋祭りに来たことがある小坂諏訪神社の森が目の前に見える。そこをさらに進んで行くと鷹の窪自然公園に着いた。

田舎の公園にしては広い駐車場だ。その隅の桜の木の下に自転車を置いて歩き始めると小川があった。川の流れに沿って生えている水草のなかにミズバショウの白い花が目立つ。きれいな水の流れを覗《のぞ》くとさっと石の下に隠れる影があった。

勇次は魚とりが大好きなのだが、今日は別に目的があるので黙って兄の後に付いて歩いた。土手にチゴチゴの花（註⑤）がたくさん咲いている。その横の看板に〈花を盗《と》らないでください〉と書いてあった。

石の階段があってその上に石の鳥居が見える。鳥居に向かって階段を上ってみると、石の灯篭《とうろう》と寝そべっている姿の石の牛がいた。灯篭の下の四角い石には歌らしいものが書いてあるが読めなかった。周りに大きな木が覆いかぶさって、地面はあちこちの土が盛り上がっている。

「兄ちゃん、熊は出ないかな」

勇次はそう言いながら兄のベルトをつかんだ。

「イノシシだよ。土の中のミミズを鼻で掘《ほ》って食べるそうだ」

まだ上にも階段があった。その上の平らなところにお墓らしい物や鐘楼《しょうろう》がある。小田（永田）兵太郎について読みにくい説明が書いてあるが、なんとか〈ブラジルにも土地を持っていた〉と読める。

「兵太郎は廣志を養子にしようとしたそうだが……」

と言いながら勇一は弟に聞いた。

「お前は思い通りに使えるお金があるのと、やりたい勉強ができるのとどっちがいい？」

勇次はちょっと考えてから、

「お金がある方かな。兄ちゃんは？」と答えた。

「お金があって勉強もできるのが一番いいが、なかなかそうはいかない。お金はないし勉強も思うようにできない人が多いのさ」

そう言って勇一はもう一度、記念碑の方に目を向けた。

「永田廣志が兵太郎の養子の話を断ったのはどうしてか分かるか」

「分からない。財産を引き継いでいればこの公園は廣志の公園なのになあ」

「なかなかそうはいかない」

勇一はそういいながら坂道を下った。兄弟が駐車場へ戻ると彦じいさんの軽トラックが近づいてきた。

「お前たちが鷹の窪公園へ行ったと聞いたから来てみたのだ」

彦じいさんはそう言ってから、

「この公園を造った永田兵太郎の屋敷跡《やしきあと》だこの先にあるが行ってみるか」と聞いた。

顕彰碑

中村太八郎

「屋敷跡ということは今はそこに人が住んでいないの？」

県下で有数の財産家だったが永田兵太郎には後継者が育たなかったのだろうか。

「行ってみよう」

勇一がそう言うと弟も頷《うなず》いた。軽トラックの運転席へ乗り込んだ彦じいさんは、

「山形村の財産家は永田兵太郎と中村太八郎だが」と話し始めた。

「太八郎は普通選挙運動に財産を使ってしまったらしい。（註⑥）太八郎の土地を買い取ったのが永田兵太郎だと言われている（註⑦）」

「ああ、今日その人のことを担任の先生が話していたよ」

勇一の高校の担任の先生は自由民権運動や普選運動の歴史を研究している。

「君は山形村出身の中村太八郎のことを聞いたことがあるか」と聞かれたが、勇一は名前しか知らなかったので恥ずかしかった。

彦じいさんは清水寺（註⑧）の境内に中村太八郎の顕彰碑があると教えてくれた。勇一は、これで先生に聞かれても安心だ、と思った。

「清水寺は歴史の古いお寺だよ。そのうちに行ってみよう」

そう言うと彦じいさんはアクセルを踏んだ。

【註】

① 山形地域などが松本藩から高遠領になった時、西山側から移す石高は五千石だった。その時の名残りが「西五千石街道」であり、「東五千石街道」もある。

② 一八七三（明治六）年に発行された『学問のすすめ』の冒頭「天は人の上に人を造らず人の下に人を造らずと云えり」

③ 火事で全焼した善光寺が再建される時、兵太郎は仁王門の建設費を寄付した。再建は一九一八（大正七）年。

④ 永田廣志は小学校長の特別推薦で松本中学へ入学し、新設された自治寮へ入った。

⑤ 学名は「おきなぐさ」もとは野生の花。

⑥ 郷里松本で平等会を結成した中村太八郎は、松本と東京にまたがり社会運動を続ける。普選法成立まで常に運動の中心に立ち、〈普選の父〉と呼ばれた。

⑦ 永田家から分家した兵太郎は、倹約と投資を繰り返し大地主となった。

⑧ 伝えによれば、坂上田村麻呂が東北平定の際この清水寺に参詣《さんけい》し祈願したところ、霊験《れいげん》あらたかであった。この清水寺の境内に中村太八郎の顕彰碑がある。

第一章　少年時代

一

明治時代の山形村は養蚕を主な産業とした農村だった。村には六百数十戸の家があったがその九割以上が養蚕農家だったという記録がある。この頃の生糸は日本の輸出産業で重要な位置を占めており、繭《まゆ》もいい値段で取引されていた。そのため村人は殆どの畑を桑畑にして、そこからは水田の三倍、雑穀の十倍という収入があがった。

農家では蚕を「お蚕さま」と呼ぶほどで、茶の間はもちろん座敷も畳《たたみ》を上げて二階の部屋まで蚕室にした。人間の方が板の間に寝て蚕の世話をするほど大切に育てるのがこの頃の農村だった。江戸時代から明治の山形村は比較的豊かだった。養蚕の繁盛《はんじょう》を祈願した「蚕玉《こだま》さま」と呼ばれる大きな石碑や、集落の入り口に置かれた堂々とした道祖神がそれを伝えている。

これらの石仏はこの地域が高遠藩の領地だった頃、高遠の石工たちが刻んだ物だと伝えられて

いる。その彫りの技術はたいしたものだ。（註①）

このような農村から普通選挙運動に生涯を捧げた中村太八郎が生まれ育った。太八郎は明治三〇（一八九七）年、木下尚江らと松本で普通選挙同盟会を設立した。

永田廣志が生まれる前のことだが、そのことは松本市中央図書館の前にある記念碑に刻まれている。廣志は中村太八郎を尊敬し、後にその業績を調べるための山形村調査に協力している。（註②）

その後、太八郎は明治三十三（一九〇〇）年、東京へ出て普通選挙期成同盟会を結成した。それ以来その幹事を務め、大正十三（一九二四）年に普通選挙法が成立するまで運動を続けた。

永田廣志が生まれた明治三十七（一九〇四）年は日露戦争開戦の年である。日清戦争に勝った日本は富国強兵政策を推し進め、それに抵抗する人たちが平民社を興し『平民新聞』を創刊した。（註③）

幸徳秋水や堺利彦らが中心メンバーだったが、その中に松本出身の木下尚江がいた。それまで松本で弁護士として活動していた木下尚江は、上京してジャーナリスト兼作家として活躍した。非戦論の立場で小説『火の柱』を書いたのは日露戦争開戦の年であったが、この小説は発売禁止となった。

*　*

勇一は彦じいさんから聞いた話を担任の浅井先生に伝えた。

先生が普選運動の歴史を研究していることを知った勇一は先生と話すのが楽しくなった。

今日は親子揃っての進学相談である。勇一と母親が並んで座ると先生は、

「本人は進学するかどうか決めてないそうですね」と言ってから、

「君は一年の時には社会科の公民を選択して今は私の日本史を受けているから、文系だな」と念を押した。

母親はちょっと困った様子を見せた後、確かに経済事情はよくないが勇一の実力に合うような大学があれば進学させたいと答えた。これまで勇一は法学部へ進学して弁護士になりたいと考えたことがある。また最近では歴史を研究する道に進みたいと思うこともあった。

「進学できるなら法律か歴史をやりたいです」

勇一がそう答えると先生は書類に何か書き込んだ後で、

「いつ山形村を案内してくれますか」と聞いた。

「夏休みに案内します。僕も永田廣志のことをもっと知りたいのです」

「永田廣志のことを調べるなら学校の図書館へ行けばいい」先生がそう言って面談は終った。

バスで帰るという母親に「僕はこれから図書館へ行く」と言って別れた。廊下を歩いて行くと野球部の同級生が追い越して走って行った。グラウンドでは野球部とサッカー部の練習が始まっている。

勇一は昨年まで野球部に入っていた。夏の甲子園を目指す県大会が近づいているので練習にも力が入っている。しばらく練習を見てから勇一は図書館へ行って司書の先生に、

「担任の先生に聞きましたが永田廣志のことが分かる本がありますか」と聞いた。

「担任は誰？」と聞かれたので「日本史の浅井先生です」と答えると、司書はいったん奥の部屋に入って行った。

「じゃあこの本かな」と言いながら出てきて見せてくれたのは『深志百年』（註④）という厚い本だった。

司書はしばらくページをめくっていたが、

「ここにありますね。前の校長だった中村磐根《いわね》先生が書いたものです」と言いながら本の真ん中辺りにしおりを挟んだ。

そこに「昭和思想史の三人」という見出しがあって、その三人目が永田廣志だった。

勇一は近くの机に座って読み始めた。

二

沿革史をみると松本中学は明治九年に開智学校内に設置されている。長野県で一番古い中学校で初代校長は小林有也《うなり》先生（註⑤）である。松本中学が開智学校内から松本城の敷地に移された

ことで、後に小林先生は松本城保存運動に取り組むことになる。

永田廣志が山形小学校の校長の特別推薦で松本中学へ入学したのは初代校長の後を継いだ本庄校長の時代だった。本庄校長は新しい制度をいくつか取り入れたが、この特別推薦ともう一つの新しいこころみが自治寮の新設だった。

山形村から通学するのは無理だったので永田廣志はこの自治寮に入った。上級生を寮兄とするやり方で寮生は充実した生活を送ったらしい。例えば一人で黙って自習する「四時間半の黙学《もくがく》」は県庁から視察に来た人を感心させた。

特別推薦というのはいまでいう英才教育の始まりだが一回実施されただけで終わってしまった。廣志たちが入学する前から特別推薦制度を新設したことに批判があって本庄校長を辞めさせる運動が起きていた。

本庄校長が辞めた後を継いだ高橋校長のもとで廣志は充実した中学生活を送ったようだ。夏休みには山形村の家で家族と過ごした記録が残っている。

坪庭《つぼにわ》の掃除を言いつかった廣志は祖父から、

「土を掃くな、ゴミを掃け」と叱られ、

「なあに土は何処にも去《い》きゃあしない。ちょっと地球の上を移動しただけさ」などと言って妹を笑わせた。

二階にある廣志の部屋が静かなので上がってみると、寝ころがって馬の絵を描いていることがあった。

ここまで読んだら司書室の蛍光灯が点いた。時計を見ると閉館の時刻まではまだ間があったが本の残りは大分ある。とても残り時間で読める分量ではない。

借りて行くことにして司書室に声を掛けると出てきたのは図書委員の伊藤千恵だった。千恵とは昨年同じクラスで今は日本史の授業で一緒だった。

千恵は貸し出しカードを見ながら「こんな厚い本を借りるのは太田君が初めてね」と言った。

勇一は厚い本をリュックに入れて自転車置き場へ行った。厚い本が背中を押し付けるのを感じながら勇一は自転車を漕いだ。山形村への帰り道は上り坂が続くので一時間もかかる。

家に帰ると勇一はすぐに『深志百年』を開いて読み始めた。そこには深志高校の前の校長先生が小説『古城中学』（註⑥）を紹介していた。

＊　＊

『古城中学』は永田廣志と同級だった高橋玄一郎という人の小説である。この頃の松本中学は松本城の敷地の中にあったというが、小説にはこんなことが書かれている。

〈やがて皇太子が学舎を訪ね、生徒たちの授業を御覧になり、古城の五層の天守閣にも上られる

松本城・修理中

という日が近づくにつれ、学舎の内外を美しくする行事が生徒たちの日課とかわった。そして、その当日には、その通路となる場所には香水がふりまかれるのだ、という噂《うわさ》がひろまっている〉

勇一はここまで読んでふと顔を上げた。校舎が松本城の敷地内にあったということはグラウンドも城の敷地にあったのだろうか。

〈敵のひょーろく球《だま》どえらくなぐれ。天守閣まで打ち上げろ〉という野球の応援歌があるが、その頃にできた歌にちがいない。

皇太子が松本中学を訪問したのは何時のことか。皇太子の来校する日が過ぎるまでは校舎の中では土足が禁じられ、生徒はみな裸足で歩けと指令が出たという。

〈昇降口に出ようと、小田と坂田寛がつれだって、二階から階段を降り煉瓦《れんが》の廊下を冷やりと踏むと、外光のよく射さない、そのせまい長い廊下の向うの端を、職員室の方からやってくる教師の姿が目についた。すぐそれは英語の教師の柿崎とわかった。小田は、日頃その教師に好感をもっていない。それもあるが、廊下に敷かれた新しい目すき板の上をズックの靴で歩いてくる柿崎をとがめる気もちが、ぐっと湧いたのだ。

——生徒を裸足で歩かせながら、先生だけが靴をはいているのは何故ですか？〉

小説の紹介の最後に〈文中の坂田寛が他ならぬ永田廣志である〉と書かれているが、先生に文句を言ったのは永田廣志だろうか。そんな想像をしていると、居間から彦じいさんと勇次の話し声が聞こえてきた。

「村のミラ・フード館のホールは人でいっぱいだった。村長はじめ大勢の人がいろんなことを発表したよ」

永田廣志研究会の記念講演会から帰ってきた彦じいさんがその様子を話しているらしい。勇一は読んでいた『深志百年』を閉じて二階から下りた。

「関西大学の先生が記念講演をしたよ。それから永田廣志の娘さんも来ていた」（註⑦）

と言ってから彦じいさんは買ってきた本（註⑧）をテーブルに置いた。

「廣志が養子を断った理由がこの本に載《の》っているよ。廣志の父親は廣志に東京大学の農学部へ進学してもらいたかったようだ」
しばらく彦じいさんの話を聞いていた勇一は、
「じいちゃん、そこの所を僕に読ませて」と頼んだ。彦じいさんは本を開いてから、
「この一九二二年の六月二十日という日付のある手紙だ」とページを指し示した。

三

勇一は本を受け取ると二階の部屋へ上がった。「父への手紙」と『古城中学』とを読み比べれば自分と同じ年頃の永田廣志がどんな考えを持っていたか理解できるような気がしてまた本を開いた。

〈――先生だけが靴《くつ》をはいているのは何故ですか?〉と先生に文句を言ったのは、友人の小田だった。この小田に対して、
〈先生なんてのは、こっちが思っているほどには感じていない。どこかでまた仇《あだ》をとられるのがおちだ。慎《つつし》んだ方がいいんだ、あんな線香花火みたいなことはな。発火演習にもならないからな〉と言っている。

こう言ったのは小説での坂田寛つまり永田廣志だった。

さらに小説では坂田寛の風貌《ふうぼう》をこう書いている。

〈ぎょろりと眼の玉の大きい、どこか、まだ乳くさい味がのこる、生まれたばかりの小鳥が餌をもとめるような唇ばかりの印象ぶかい坂田〉と。

その坂田が小田にこう諭《さと》す。

〈――つまり、そんな時間は、自分の生活の外へざらざらとこぼれおちてゆくものさ。われわれにとって何の価値もない。もっと腰をすえて、おちつくがよいぜ〉

中学時代から永田廣志は、ものごとを冷静に見てその先を考える特質を発揮《はっき》していたようだ。廣志はこの後、三年の学年末に自治寮の舎監《しゃかん》と対立し、寮を追放処分となった。永田兵太郎の養子になる話が廣志の父親との間でまとまったのはこの頃のようだ。

「父親はいっそ家ぐるみで養子に行こうか、と冗談を言ったそうだ」という彦じいさんの話を思い浮かべながら、勇一は「父への手紙」に目を移した。

手紙は廣志が東京外語のロシア語科に入学してから書いたものだという。

〈拝啓〉と書き出したその三行目に〈もし大西でどうしても学校を止めなければならんと云うならば、いっそ思い切って離縁した方がよいと思います〉とある。大西というのは永田兵太郎の家の屋号だった。

最初に養子になる理由として〈私自身のため、家のため、大西のため〉と書き始めているが〈私自身のため〉の理由として〈俸給《ほうきゅう》生活などより大西へ行った方がよいこと〉と〈体が弱いので田園の方がよい〉という理由を挙げている。

手紙はかなり長い。実物は便箋《びんせん》に手書きで書かれているというが、本の活字でも八ページある。〈離縁した方がよいと思う〉という理由を冷静に分析した後、〈お金と人格〉について廣志がどう考えているか、勇一は興味を持って読んだ。


〈金がなければ自分でもろくな生活ができず、いつも不自由して、その上社会的には馬鹿にされて誰も相手にならんという所から金ほど貴《とうと》いものはないはずですが、それでもなお人間の人格の方が金より貴いといわれています〉


〈人格の方が金より貴い〉という部分を読み始めて、勇一は今の自分の境遇を考えた。〈金より貴いという人格とは何だろうか〉今の世の中で〈人格〉がそれほど重要視されているだろうか。

親の力で進学する余裕のない自分はどうしたらいいか。勇一の答えは簡単には見つかりそうになかった。

【註】

①「蚕玉さま」は繭玉の形や自然石に文字が刻まれることが多く、道祖神は男女が並んでいる姿に刻まれている。この地域の石造物は規模も大きく海外まで知られている。

②そのことは平野義太郎編著『普選・土地国有論の父　中村太八郎伝』(桜井武雄が執筆の中心)にまとめられている。

③週刊『平民新聞』は『万朝報』を退社した幸徳秋水と堺利彦によって創刊された。日刊『平民新聞』は一九〇七年一月に発刊され、事実上の日本社会党の機関紙となった。

④『深志百年』は深志同窓会の発行、昭和五十三年三月二〇日。

⑤初代長野県中学校長で三十年間松本中学の校長を務めた。

⑥永田廣志の同期生であった高橋玄一郎(本名・小岩井源一)の小説。小説の正式な題名は『異説古城中学』である。

⑦二〇一二年六月三〇日、関西大学名誉教授鰺坂真氏が講演し、永田廣志の長女今崎則子・暁巳夫妻などが参加した。

⑧買ってきた本は『日本における唯物論の開拓者――永田廣志の生涯と業績』二〇〇八年八月、学習の友社発行。

第二章　『古城中学』時代の永田廣志

一

永田廣志は松本中学三年の学年末に自治寮の舎監《しゃかん》と対立し寮を追放処分となった。その時の永田廣志の気持ちを『古城中学』ではこう書いている。

〈もう寮を出て、青村塾の傍の下宿にいるんだ。寮も、もう自治の名に値する何ものも無くなった。君も頑張れ、じゃ、失敬。

坂田の後ろ姿に、小田は、寮を出た彼の気持ちが、やはりいまの学校の教育方針にプロテストするものが漂っているものと見た〉（註①）

「寮には自治の名に値する何ものもない」だから寮を出た。この激しい生き方は青春だったからというひと言で片付けることはできないようだ。『深志百年』には〈中学在学中にクロポトキン（註②）を読んでいた〉と書かれている。また山本一蔵《いちぞう》が遺した『飼山遺稿《しざんいこう》』（註③）も見ていたにちがいないとあるが、中学時代の永田廣志に影響を与えたこれらの人はどんな人物なのだろうか。

勇一は日本史の授業が終わると職員室の浅井先生を訪ねて、

「ここに書いてある『飼山遺稿』とかクロポトキンについて知りたいのです」と言った。勇一の顔を見ながら先生は、

「クロポトキンはロシアの無政府主義者だ。山本飼山のことなら資料があるから探しておくよ」と言った。

「お願いします」と言ってから勇一は彦じいさんから借りた本を取り出した。

「ここに永田廣志が書いた『父への手紙』が載っています」

先生は勇一が差し出したページに眼を通して、

「なるほど、永田廣志がどうして東京外語のロシア語科に入学したか見当がつきそうだね」と言った。それから、

「この本をしばらく貸してくれないか」と言い足した。

勇一は先生が永田廣志に関心を持ってくれたのが嬉しくてすぐに本を渡した。

「このあと用事がなかったら図書館で待っていてくれないか」

『深志百年』を返しに行く予定だったので勇一はすぐに図書館へ行った。司書室から出てきた伊

藤千恵が、

「太田君はこんな厚い本を読んだの」と聞いた。

「うん、永田廣志のところだけ。英語は原書で読まなくてはダメだというほど永田廣志の英語力がすごくて先生が聞きにきたそうだよ」

そう言って永田廣志のことが載っているページを示したが、千恵はさっと眼を通しただけで、

「太田君はどうして野球部を辞めたの」と聞いた。

「特に理由はないよ」

勇一は曖昧《あいまい》にそう答えた。家が遠いので、練習が終わると真っ暗になってしまうのも理由だったし、親の負担を少しでも減らそうとアルバイトもしたかったのだ。

「野球部に絶望したのかな。私もマネージャーやっていて腹が立ったの。春の大会のことよ。ヒットが出て二塁走者が三塁へ行った時、三塁コーチがホームへ突っ込む指示をしたじゃない。腕をぐるぐる回したのに三塁で止まって、次の打者が凡打で結局二者残塁でゲームセット」

「確かにあいつは温存《おんぞん》し過ぎだった。一点差で負けて惜しかったよ」

その走者は昨年勇一や伊藤千恵と同じクラスの部員だった。

「自分はアウトにならなかったけれど残塁《ざんるい》でしょ。ホームベースを突いていたら一点入っていたかもしれない。残塁なんて敵の回し者よ」

敵の回し者とは厳しいことを言う女生徒だと勇一は思った。

「みんな甘ちゃんなのよ。太田君だったら三塁で止まらなかったと思うな」と千恵は言った。

「どうかな」

勇一がそう言ったところへ浅井先生が顔を見せた。

二

先生は図書委員会の顧問をされていて時々学習会をやるという。

「伊藤さん、松本中学出身の思想家を調べてみるのはどうだろう。早稲田大学を出た山本飼山のことがここに書いてあるんだ」

先生が差し出した冊子を勇一と伊藤千恵が覗きこんだ。

それは「黎明期《そうめいき》の若き社会主義者　山本飼山《しざん》」というプリントのコピーだった。

「松本地域で発行されている同人雑誌（註④）のコピーだが、君にあげる。後でゆっくり読むといい。それと思いがけない先輩が他にもいたんだよ」

先生が見せたもう一つの資料の最初に〈在満州里領事代理　田中文一郎〉（註⑤）という文字が並んでいた。

「この田中文一郎という人も松本中学の卒業生なのだが、永田廣志が東京外語のロシア語科を選んだ頃は満州で領事代理をしていたらしい」

「満州国」というのは現在の中国東北部で、滅亡した清朝の皇帝を復活させて日本が支配した国だった。

「永田廣志の中学時代がちょうどロシア革命からシベリア出兵の時代だ」

先生の説明によると、ロシアの社会主義が拡大するのを食い止めようとしてヨーロッパ各国がシベリアへ出兵した。日本もロシアの影響を恐れてシベリアへ出兵したが、この影響で米価が値上がりした。富山の主婦たちが起こした米騒動《こめそうどう》（註⑥）は庶民に米が渡らなくなったためだという。

「この頃の田中文一郎が外務大臣に報告した文書を読むとロシア革命の経過に深い関心を払っていたことが分かるよ」

「日本がシベリアへ出兵したのはいつですか」

伊藤千恵がそう聞いた。

「一九一七年がロシア革命だからその翌年だな。シベリア戦線が泥沼化してなかなか撤兵《てっぺい》できなかったらしい」

第一次世界大戦の主力だったドイツが降伏すると各国はシベリアへの派兵を中止した。だが日本はなかなか撤兵しないので次第に国民の理解が得られなくなってきた。

「田中文一郎はロシアがソビエトとして発展して行くことを見通していたと思う。そう考えると永田廣志がなぜロシア語を選んだかも分かるのだ」

先生の説明を聞いて勇一も永田廣志の進学の動機が分かる気がしてきた。

「永田廣志が東京外語へ進学したのはシベリア撤退《てったい》の頃ですか」

「シベリア撤退は西暦でいえば一九二二年だ。そういえば、この本にある『父への手紙』が書かれた年だよ。廣志が東京外国語学校へ入学した二年目だって書いてあるから」

先生はそう言って「父への手紙」のそのページを開いた。

そこには〈立派な養子があったにしても大西の財産は二代三代と続くものではありません〉と書いてある。

「大西というのは永田兵太郎の家の屋号だね」

「そうです」

先生は本に視線を向けて、

「その後で、『現代社会は産業の資本化が進んで、土地も工業もすべて大資本家の手に落ちる』と資本主義の将来の姿を見通しているのがすごいよ」

「その頃から哲学者になる要素があったということですか」

勇一がそう聞くと先生は、

「ロシア語科を卒業した後、朝鮮に渡るね。それが何故なのか分からない」

と言ってからもう一度「父への手紙」に目をやった。

「そうかと思うと最後に書いてあることが面白い。『父への手紙』の最後にこう書いてある」

〈このあいだ易《えき》をみてもらったら養子は止めろと云われました〉と手紙は結ばれていた。

「永田廣志は落語を憶えていて周囲の人に話してやったというからユーモアがあったんだね」

するとと横から伊藤千恵が、

「先生、図書委員会では上原良司の遺書を読んでみようと話していたんです」と声をかけた。

「上原良司が松本中学に在学していたのはいつ頃ですか」

「確か、昭和十年ころだと思うよ。学徒出陣（註⑦）が昭和十八年だから」

「お城の敷地にあった松本中学が現在のこの場所に引越した頃だって、祖父から聞いたことがあります」

「君のお祖父《じい》さんも松本中学の卒業なんだね。上原良司は慶応大学の在学中に学徒出陣したんだ」

その時の遺書が『きけ　わだつみのこえ』という本の最初に掲載されているという。（註⑧）カウンターの奥では図書委員たちが先生と勇一たちの会話に耳を傾けていた。

三

家に帰ると勇一は先生からもらった「黎明期の若き社会主義者　山本飼山《しざん》」を読み始めた。

「飼山」というのはペンネームで本名は山本一蔵だった。一蔵は松本中学の時代から『平民新聞』を読んでいたほど社会問題に敏感だったという。

日露戦争の終結を取り決めたポーツマス講和条約（註⑨）のことも知っていた山本一蔵は、早稲田大学へ進学すると雑誌や新聞に自分の考えを発表し始めた。

当時の官憲《かんけん》はそうした山本一蔵の活発な行動を「危険思想」として取り締まった。一蔵は早稲田大学をトップで卒業するほど語学の能力を認められていたが、官憲は就職が内定していた青山学院大学に「山本は危険思想の持ち主だ」と通告して内定を取り消させた。どこでも就職を拒否されて絶望した飼山はついに自殺してしまう。

その山本一蔵が書き残したものを集めたのが『飼山遺稿』だった。飼山の最後の言葉（註⑩）や辞世《じせい》の句の意味が理解できたわけではないが、読んだ勇一は胸が締め付けられた。

彦じいさんが帰って来たので勇一は、

「この句の意味が分かるかい」と聞いた。そこには、

〈上遷《じょうせん》して帝郷に入らむ秋の雲〉

と書かれていた。

「辞世の句か、難しいな」

そう言いながら彦じいさんもコピーを読み始めた。

「永田廣志は一蔵の才能を抹殺《まっさつ》した時代に怒りを感じただろうね」

勇一の言葉に頷きながら彦じいさんも、

「一蔵の才能を潰《つぶ》したのは惜しいことだ」と言ったまま黙ってしまった。勇一は、

「廣志が東京外語へ進学する時に学資のことが問題になっただろうね」と言った。

その頃、山形村の村長を務めていた父親は廣志が東京大学の農学部に進学することを望んでいた。

「農学部を卒業すれば地域の豪農《ごうのう》の主《あるじ》として幅が利くからな。永田兵太郎の養子になる話はそれが理由だったのかもしれない」

それからしばらく二人は廣志が養子を断った経過などを話し合った。

『深志百年』の中で中村磐根《いわね》先生は〈永田兵太郎は廣志の進学など頭から許すはずがなかった〉と解説している。それは兵太郎が〈農家の長男の教育は小学校卒業程度に止め、妻も小学校卒業の相性《あいしょう》よきものを選べ〉という教訓を残しているからである。

そういう永田兵太郎と廣志が決別するのは当然であり、廣志が自立の道を選ぶのも自然である。

「担任の先生に、じいちゃんが買ってきたあの本を貸したよ」

「そうか。永田廣志に関心を持つ人がいるんだな」

「夏休みに山形村に来たいと言っていたよ」

「廣志が東京外語のロシア語を選んだので父親は学資を送らなかったというが、代わって祖父の久吉《きゅうきち》さんが送ったそうだ。勇一も心配するな。なんとかなるさ」

＊

＊

小説『古城中学』を書いた高橋玄一郎は、永田廣志と席が隣あっていた国語の書き取りの時間のことをこう回想している。

〈交換してチェックするんだが、永田の書く漢字は一点一画といえども間違っていることがなかった。あれには驚いた〉

哲学の道を進み出した頃、執筆禁止を命ぜられると数学の問題を解くことに熱中したというが、廣志は中学の頃から緻密《ちみつ》な論理的能力をもっていた。

「父への手紙」で廣志は〈この学校を出てもまず中以上の成績なら生活難はないと思います〉と書いている。続いて〈就職口についても大阪商船会社の浦塩支部（註⑪）あたりの有力な先輩（松本の人）で手づるがありますから、大して困ったこともないと思います。この語学部出身の者は就職口に困ることはありません〉と書いたのは、山本一蔵が官憲によって就職妨害をされたことと関係はないだろうか。

安定した職を得なくてはならない。永田廣志にこう考えさせたのは、恋人の小澤喜美子（註⑫）を思う気持ちから生まれた。東京外語へ進学する時に廣志は恋人に「卒業したら結婚しよう」と約束したにちがいない。

【註】

① 抵抗や反抗の意味。キリスト教のカトリックに対して対抗して起きたプロテスタントを参考。

②　一九〇八年十一月に幸徳秋水がクロポトキンの著書の英訳を日本語に翻訳した。翌年一月に発売禁止を受けた。

③　飼山は号、本名は山本一蔵。松本中学から早稲田大学へ進学したが、一九一三（大正二）年に十一月五日に鉄道自殺した。

④　同人雑誌『群峰』第二〇号。著者は池田錬二、一九九八年発行。

⑤　松本中学二十四回生・明三十六年卒業。田中文一郎はロシアの共産党極東州大会の様子を外務大臣に報告している。また昭和二年にも外務大臣の田中義一に「露国軍隊輸送ニ関スル情報」を報告している。

⑥　一九一八年の七月、富山県で始まった米騒動は全国に波及し、鎮まったのは九月だった。

⑦　昭和十八（一九四三）年以降、太平洋戦争の兵力不足を補うため、それまで大学生に認められていた徴兵猶予《ちょうへいゆうよ》を文科系学生については停止して二十歳以上の学生を入隊・出征させた。

⑧　上原良司は両親に「第一の遺書」「第二の遺書」の他に「所感」と題をつけた「第三の遺書」を書き遺した。ここで良司は「自由の勝利は明白なこと」と書いている。『きけ　わだつみのこえ』に収録されているのは、この第三の遺書である。

⑨　明治三十八（一九〇五）年、アメリカのポーツマスで調印された講和条約。日露戦争の後、ルーズベルト大統領が仲介した。日本の韓国における権益《けんえき》の承認などを決めたが、賠償金が獲得できないなど国民に不満が高まり、日比谷焼《ひびややき》打ち事件に発展した。

⑩　辞世の句の前に次の一文がある。〈今に至って予《よ》は多言を欲せず。ただ一片の辞世の句を記して以っ

て〈永別の辞に代ふ〉

⑪　ロシアのウラジオストックを指す。

⑫　『深志百年』では小村喜美子となっている。山形村の「ふるさと伝承館」では小澤喜美子となっているので、本書では小澤喜美子で統一した。

第三章　十八歳の決意

一

永田廣志は「父への手紙」の中で、兵太郎の養子になれば学資金が助かると認めたうえで〈養子でありながら養父が死んだからとてこの意志を継がないのは不道徳と思う〉〈養子になって人の金を譲《ゆず》り受けるために苦労するよりは、自分で直接働いて自分の生活を固《かた》めていく方が、いくら苦労しても苦労のしがいがあるような気がします〉と書いている。

兵太郎は廣志が東京外語へ進学するまで養子に来てくれるものと信じて、「たまにはいっしょに山を見回ってくれぬか。木の見方なども教えておきたい」と話していた。だが廣志はこれを無視して兵太郎の家には一度も足を運ばなかった。

廣志が東京外語へ入学して二年目に養子の話は破談《はだん》になっているから、この縁組は全くの書類の上だけだったことが分かる。ロシア語科へ進むことによって兵太郎との縁が切れるだけでなく、父親をも激怒《げきど》させた。それでも東京外語を選んだのは、ロシア語を勉強できる大学が他になかったからである。当時は、東京大学にもロシア語の専攻課程はなかった。

「父への手紙」を読むと〈現代社会は産業の資本化が進んで、土地も工業もすべて大資本家の手に落ちる〉と書いた後で〈ロシアのウラジオストックあたりに大阪商船会社の有力な松本の先輩で手づるがあります〉と就職のことを考えている。松本の人で大阪商船会社の有力な先輩とは誰だろうか。

田中文一郎を別にすればその頃、東京外語のロシア語科へ進んだのは『深志百年』によると一年上の河野重弘《しげひろ》である。この人は永田家とも遠縁であったが、後に労働運動家となったというから商船会社の有力な先輩とは言えない。

永田廣志は東京でどんな生活を送り、ロシア語科で何を学んだのだろうか。

＊　＊

授業料は祖父の久吉が送ってくれることになったので安心して勉強に打ち込むことができた。

ロシア語は外国語の中でもっとも難しいといわれているが、もともと英語が得意だったからロシア語をマスターすることはそれほど困難ではなかった。

ロシア語で優秀な成績を収めた廣志はロシアの小説や詩もよく読んだ。トルストイやドストエフスキーの小説も読んだが、ツルゲーネフやチェーホフの軽妙な文章が印象に残った。

中学時代までは石川啄木の短歌を愛唱していたが、このころから日本の小説もよく読んだ。前の年に出版された『藤村全集』は人気があり友人と回覧して読んだ。その中で廣志は特に藤村の「新生」に魅かれるものを感じた。

小説では岸本となっているが、それは藤村自身であった。小説の節子は姪《めい》の島崎こま子である。この小説は若い学友たちに衝撃《しょうげき》を与えた。〈姪との秘《ひ》め事〉を抱いたままフランスに渡った藤村をある友は「卑怯《ひきょう》だ」と言った。

「いや、勇気を持って告白したこの小説こそ本物だ」

という学友もいたし、

「藤村はこの小説を書いて危機を乗り切るが、こま子の方は悲劇の人生ではないか」と反論した学友もあった。（註①）

〈三年経ってフランスから帰った岸本が見たのは、その間待っていた節子であり、彼女のやつれた姿〉だったと小説に書かれている。学友の多くは「女性を不幸にしてまで小説を発表することは褒《ほ》めたことではない」という意見だった。

廣志がこの小説に関心を抱く理由はまた別にあった。こま子の姉は久子というが結婚した相手が田中文一郎である。田中は外務省に勤める満州里の総領事代理で、松本中学と東京外語の廣志の先輩だった。それだけでなく、山形村の隣の今井村の出身の田中は「郷土の秀才」として廣志の周辺でも何かと話題になっていた。

しかし廣志はこま子の姉の久子が田中文一郎に嫁いでいることを友人には言わなかった。その代わり人生を熱心に考えている学友たちと議論を深めるのを楽しんだ。

「自然主義文学は『あったことをそのまま書く』と言われているが、我々の目指すべきは『あるべき姿を追求すること』ではないか」

「そうとも決められないよ。江戸時代の朱子学は『あるべき姿』の研究が『あるべきことの押付け』になったではないか」

学友たちとの議論が尽きると廣志は、

「文学の使命はある意味で世の中への批判だと思う。僕もロシア語を生かして仕事をしたいが国内では無理かな」と言った。

「満州かシベリアへ行けば仕事はあるらしい」

「僕もそれを考えたがシベリア出兵で日本は大勢の犠牲者を出しているからな」

友人たちは、

「国内以外で満州とシベリアを外すと朝鮮半島だ」と言う。

「朝鮮の平安北道警察部でロシア語を翻訳する専門家を募集しているらしい」などの情報も提供してくれた。

「でも、任地は朝鮮半島の最北端の新義州《しんぎしゅう》だぜ」

そこは鴨緑江《おうりょっこう》の朝鮮側である。

学友たちのある者は商社を選び、またある者は翻訳やロシア文学研究の道に進もうとしていた。一年先輩の河野重弘と川内唯彦《かわうちただひこ》は後に廣志と共同でロシアの原書を翻訳することになる。

喜美子との約束を現実のものにするために廣志は安定した就職口を確保しなくてはならない。

「朝鮮半島の最北端でも僕は婚約者をそこへ連れて行くつもりだ」

廣志の言葉に友人たちがびっくりした。だが廣志の決意に反対する友人はいなかった。喜美子が反対ならばこの就職は止めるしかない。廣志は迷った末に喜美子に手紙を出した。するとすぐに返事が来た。


廣志さんと一緒なら私はどこまでも付いて行きます。

廣志さんが朝鮮半島に就職すれば、そこがわたし達の新天地になるのでしょうか。

廣志さんは石川啄木の歌が好きだったですね。私も啄木の歌が好きですが、貴方の手紙を読んでから、啄木にこんな短歌があることに気付きました。

地図の上　朝鮮国に　くろぐろと
墨《すみ》を塗りつつ　秋風を聴く

日本が朝鮮を植民地にしたことに抗議して、啄木は朝鮮半島に真っ黒く墨を塗ったのですね。廣志さんに付いて行くわたしの気持ちは変わりませんが、少し心配もあります。

手紙を読んだ廣志は喜美子の気持ちがよく分かった。まだ見ぬ新義州とはどんな所なのだろうか。新しい仕事に就く喜びと同時に、喜美子と異国で送る結婚生活がどんなものか想像した。

二

就職先が決まったことを実家の父親に知らせると、喜美子とは反対に激しい言葉の手紙が来た。それには、

〈ようやく就職が決ったというから喜んだが朝鮮半島の新義州とは驚いた。東京外語へ進学する時も親に相談もなく決めてしまって、今度は海外へ就職か。家族は淋しい想いをしている〉という抗議から始まって、

〈国内でロシア語を生かす仕事はないものか。外務省へ就職した田中文一郎さんは隣の今井村の出身で、うちの義父も今井村から養子(註②)に来た人だ。頼めばきっと職を探してもらえると思う。晦日《みそか》には帰省して家族と相談するように〉と就職の心配までしてあった。

「家族の理解を得ることは大切なことだ」

そう思った廣志は久し振りに山形村へ帰った。家族の顔を見ると、廣志が予想していたほどの雰囲気ではなかった。もともと仲のいい家族だったし、特に弟や妹は廣志のことを誇りに思っている。

廣志は父親に、

「ロシア語を生かすには内地では無理なんです。ソビエト建設を進めるロシアが日本とどういう関係になるか、警察部の仕事はそれを知るには最適なのです」と丁寧に説明した。すると父親は、

「新義州には憲兵隊が置かれているくらいだから危ないところではないのか。まず外務省の田中文一郎さんに相談したらどうだ」と手紙に書いてきたことを繰り返した。

「田中さんは自分の力であそこまで行きました。私は他人のコネで職を得ようとは思いません。それに新義州警察へ就職すれば軍隊に召集される心配は当分ありません」

廣志がそう説明すると父親は少し安心したようだった。

「それじゃあ、この仕事に就けば軍隊に召集される心配はないのだな」

「絶対ないとはいえませんが、軍隊とは別の大事な仕事ですから当分は召集されないでしょう」

「しかし危険な場所には変わりあるまい。シベリアへ出兵して国の建設を妨害したからロシアは日本を恨んでいるかもしれない。シベリア出兵には莫大《ばくだい》な戦費を注ぎ込んだのに戦果無しだったから国民も怒っているさ」

父親はしみじみと息子の顔をみた。

「確かにロシアも中国も日本の出方を見ています。日本がますます軍備を増やして中国大陸に戦線を拡大すると大変なことになります。大学生の徴兵《ちょうへい》も避けられなくなるでしょう。そのためにもこの就職は意味があるのです」

「では、どうしても新義州へ行くんだな」

廣志の決意が固いことを知って父親は仕方なく同意した。

父親が理解してくれたのを認めると廣志は、

「もう一つ、相談したいことがあります」と切り出した。

三

「実は結婚したい女性がいるのです。松本中学時代に知り合った小澤喜美子という人です。僕が任地へ着いて環境が整ったら内地から呼んで一緒に暮らしたいのです」
今度はさすがの父親もすぐには返事をしなかった。日本に併合されて外国ではなくなったとはいえ朝鮮が海外であることに変わりはないし治安も心配だ。(註③)
「相手の人や家の人たちはどうなんだ。そんなに遠くへ行ってしまうのは心配だろうに」
「喜美子とは就職したら結婚しようと約束ができています。正月になったら小澤家へ行って承諾してもらうつもりです」

自分の父親がすぐには結婚を認めなかったが、新年になると廣志は小澤家へ出掛けた。

結婚のことを喜美子から聞いていた小澤家では廣志を待っていて、両親から、

「少し身体が弱い娘ですが、気立てはいい子です。どうぞよろしくお願いします」と承諾の挨拶があった。

廣志は「まず自分が新義州へ行って生活環境を整える、それから喜美子を呼びたい」と話した。

両親との挨拶が済むと喜美子はかつて廣志が下宿した部屋へ案内した。炬燵《こたつ》に入ると喜美子がすぐに、

「新義州へはどうやって行くのですか」と聞いた。

廣志は喜美子の文机の上にあったノートを開いて地図を描きながら、

「ここから下関まで列車で行く。そして船に乗り海を渡る。ひと晩眠っていれば、釜山《ぷさん》の港に着くよ」と説明した。

釜山からはまた列車で京城《けいじょう》（註④）まで行く。そこは朝鮮の首都で日本の奈良か京都のようなところだ。そこからさらに北へ京義線《きょうぎせん》に乗れば新義州へ着く。（註⑤）

「ずい分遠いわね。わたし一人で行けるかしら」

喜美子が不安そうな顔で言った。

「大丈夫だよ。日本人が大勢いるから」（註⑥）

廣志はそう言ったが、やはり心配が残る。喜美子はまだ不安そうな表情でノートを開いた。

「廣志さん、この短歌を知っていますか」

ノートにはこんな短歌が書き付けてあった。

小早川《こばやかわ》加藤小西が世にあらば
今宵の月をいかにみるらむ

「なんだか威張った感じの歌だね。誰の短歌なんだい」

「寺内正毅《まさたけ》（註⑦）という軍人の歌です。秀吉が朝鮮出兵した時に小早川秀明や加藤清正や小西行長などは誰も朝鮮を征服できなかったのに、自分が朝鮮総督になって朝鮮を征服したといっているのよ」

「威張っているはずだ。こんな軍人は横柄《おうへい》な口調で朝鮮の人たちに当たっていることだろうね」

それから夕食に呼ばれるまで二人はいろいろな話をした。


【註】
① 当時の東京外語の一年上には河野重弘、川内唯彦（社会運動家）の他、蔵原惟人（評論家）、丸山政男（陸軍軍人）などがいる。
② 廣志の祖父久吉は隣村の今井村中原家から養子に入った。

③　一九一〇年八月の韓国併合により韓国は日本の植民地となり、李王家は日本の皇族扱いになった。しかし大韓帝国の成立を宣言した高宗の死が突然であったため高宗は帝位を奪われただけでなく日本のスパイによって毒殺されたという風評が広がり、一九一九年の「三・一独立運動」へと発展した。

④　現在の韓国の首都「ソウル」は、朝鮮王朝時代の現地では「京城府《キョンソンプ》」と呼ばれた。

⑤　日本は一八九九年に首都と仁川との間に「京仁線」を開通させ、一九〇五年には「京釜線」、一九〇六年には「京義線」を開通させた。

⑥　一八七五（明治八）年日本政府は朝鮮の江華島付近で衝突を引き起こし「日鮮修好条約」を調印させた。朝鮮の鎖国を終わらせ日本から商人が渡り始め、その後、日清戦争（一八九四年）で日本が清国に勝つと移住者はますます増えた。日露戦争（一九〇四年）が始まって結んだ「日韓議定書」により駐兵権を得ると日本の経済進出はさらに進んだ。

⑦　初代朝鮮総督。のちに寺内正毅は首相になるとシベリア出兵を強行した。その影響で米騒動が起こり総辞職した。

第四章　専門職を求めて海外へ

一

大正十三（一九二四）年三月、廣志は東京外語を卒業すると朝鮮に渡る準備に取り掛かった。やがて新義州警察部で受け入れが整ったという知らせがあったので六月に出発した。

船で釜山に渡ってから列車に乗ったが、列車の窓から見える景色は少し前の日本の農村によく似ていた。すでに多くの日本人が朝鮮半島に住み始めていたが、この京釜線の工事を日本が担当してから移住者の数はいっそう増えたらしい。

京城でいったん降りて街を見学した。景福宮《キョンボックン》を目指して歩いて行くと、正面に建設中の大きなレンガの建物が見えてきた。日本が朝鮮を支配するために建設を進めている総督府だった。

廣志は複雑な気持ちで駅に戻り京義線に乗り換えた。終点が新義州である。着いてみると事務所の近くに宿舎が用意されていた。翌日から廣志はさっそく仕事に取り掛かった。

満州里の領事代理を務めている田中文一郎が外務大臣の松井慶四郎に宛《あ》てた文書を見せられた。そこには〈ロシア共産党の極東州大会が行われ、比較的平穏《へいおん》にソビエト制度に移されている〉と報告されている。

「このロシア語の翻訳が間違っていないか、もう一度みてくれ。それからこれが今度入手したソビエトの文献だが目を通して翻訳しておいてくれ」

こういうことが当面の仕事だった。食事は事務所の食堂でとることができた。事務所の食堂でまかないをしている朝鮮人の小母さんが、

「永田《ナカタ》さん（註①）、辛《から》い食べ物、平気ですか」と聞いた。

どちらかというと廣志は辛いものが苦手だった。正直にそういうと小母さんは辛くないワカメスープを作ってくれた。キムチが辛いのはどうしようもなかったのでスープで辛味を洗い落としてから口に運んだ。

新義州は九月の半ばを過ぎると寒さが急に襲ってくる。秋の紅葉は鮮やかだったが、一夜の雨で姿を消した。部屋は床がオンドル（註②）になっているので暖いが、外の寒さは山形村より厳しい。その寒さにも慣れた。日がたつうちにキムチの辛さが気にならなくなった。

「永田君、辛い物が食べられるようになったから君も新義州の人になったということだよ」

上司や同僚とも仲良くなって廣志は時々、酒を飲む席にも誘われた。酒といってもマッコリという濁《にご》り酒である。思ったよりアルコール度数が低いので廣志にはちょうどよかった。

大晦日《おおみそか》から正月の三ヶ日は単に休日というだけだった。ゆっくり休めた廣志は父親と喜美子に手紙を書いた。

〈朝鮮の正月は旧暦で祝うので一月の末になります。この日は誰も着飾《きかざ》って親戚や親元へ泊まりにいったり街中がお祝い気分です。春の彼岸を過ぎれば気温も上がってくるので、喜美子がこちらに来るにはいい陽気になります〉と知らせてやった。

喜美子からは〈すぐにでも新義州へ行きたいですが山形村のお義父さんがしばらく待てば一緒に行ってくれるというのでそうしたい〉と返事があった。

父が喜美子を連れて来るという知らせに廣志は飛び上がるほど喜んだ。父は二人の結婚を認めてくれたのだ。

しばらくすると父親から手紙が届いた。

〈春になると仕事は次から次へと続くが、田植えが終って夏蚕《なつご》（註③）が始まる前に一休みできる。そうしたら喜美子を連れて新義州へ行くつもりだ〉

父は家の仕事のほかに村の重要な仕事も任されていた。そういう忙しい父から〈ようやく見通しがついた〉という手紙が来たのだ。海を渡ってくる父親に感謝するために廣志は京城まで迎えに出ることにした。

二

一九二五年（大正十四）七月の晴れた日。廣志は先に京城へ行って宿を予約してから、京城駅のホームで待っていた。

しばらくすると荷物を下げた父親が喜美子の手を引いて降りてきた。

「ご苦労さまでした」廣志は父親にそう言ってから、

「よく来たね」と喜美子に声をかけた。

「やはり、遠かったわ」

と答えた喜美子の顔には疲れが感じられた。それでも廣志が雇《やと》った馬車で京城の街を走らせると笑顔を見せた。道幅の広い通りを物売りや頭に荷物を載せた女の人が歩いている。柱の色が鮮やかな王宮や大きな門が目に付いた。

「この大きな通りが世宗《セジョン》通りだよ。もうすぐ景福宮《キョンボックン》が見えてくる」

馬車はまっすぐに進んだ。正面に見えてきたレンガ造りの建物を見て父親が、

「総督府の建設がここまで進んでいたのか」と低い声で言った。

「現地の人の反応はどうなのだ」と聞かれて、廣志も小さな声で答えた。

「初めのうちは南山《ナムサン》の麓《ふもと》にあった朝鮮総督府を王宮のまん前に建設するなんて神経を疑いますよ。

これは東京の皇居のまん前に外国の大使館を建てるのと同じことですから」

父親も日本にいる時に感じていた朝鮮とはだいぶ違うことに気付いたようだ。そこでは馬車から降りずにそのまま普信閣《ブシンガック》の方へ馬車を進めさせた。

普信閣は時刻を知らせる建物で大きな鐘が吊《つ》るされている。しばらく行くと公園が見えてきた。ここがパゴダ公園で五年前、一九一九年の三月一日に大きな事件があった。この公園に集まった民衆が「朝鮮独立万歳」と叫んで日本の軍隊と衝突した事件だが、日本ではあまり報道されなかった。（註④）

廣志は喜美子にはその話をしないで仁寺洞《インサドン》の通りへ馬車を進めた。茶屋が出ていたので休息して柚子《ゆず》の茶を飲んだ。

「朝鮮のお茶は身体にいいんだ。辛いキムチは無理かな、プルコギという牛肉料理を注文しよう」

唐辛子《とうがらし》の入っていないペックキムチを頼むと喜美子は美味しいと言った。父親もワカメスープと牛肉料理がよく合うと言った。もともと喰い道楽なところがある廣志は二人が朝鮮の食事を喜んで食べたことが嬉しかった。

昼食をすませてから馬車は宗廟《チョンミョ》の前で止まった。門を入ると樹木に覆われた森の中に石の舗道《ほどう》が続いていた。その先に長い瓦屋根と太い柱が続く建物が見えた。ここに李王朝の歴代の王と王妃の位牌《いはい》が祀《まつ》られている。柱の間の数だけ李王朝の王がいたと廣志が説明すると父親は、

「いったい朝鮮王朝は何代まで続いたのだ」と聞いた。

「純宗《スンジョン》（註⑤）で二十七代目です。五百年以上も続いた王朝でしたが、一九一〇年に日本に併合されて終わりました」

宗廟を出て馬車が南山の方へ向かうと橋の袂《たもと》に貧民街が続いていた。

「地方で暮らせなくなった農民が住み着いたのです」

粗末《そまつ》な材料で造った小屋が並んでいるのを見て、喜美子はショックを受けたらしく黙り込んでしまった。

やがて南山の麓に近づくと、日本風の旅館や西洋式のホテルが立ち並んでいて風景が変わってきた。旅館に案内すると、

「ここは日本人には天国のようなもんだな」と父親が言った。

内地ではめったに味わえないほどのご馳走がある。だが喜美子は疲れていたのでご馳走もあまり食べずに眠った。

三

廣志は日本へ帰る父親を見送りながら、

「ここに住んでみるとこの国の人が日本にどんな気持ちを持っているか分かります」と言った。

「日本人はこの国の古い歴史と伝統を無視しているようだ」

父親はそれから「慣れない気候だから喜美子も身体にはくれぐれも気をつけておくれ」と言って列車に乗った。

「お義父さんも道中お気をつけください。山形の皆さまによろしく」

見送る喜美子は淋しそうだった。短い夏が余計短く感じられ、喜美子にとって初めての秋がすぐに訪れた。北の高原から鴨緑江を越えて吹いてくる北風は冷気を感じさせた。

この気候になかなか慣れない喜美子だったがオンドルは気に入った。廣志が事務所から帰ると、夕食の支度をしながら喜美子は、

「座布団を敷いてその上に毛布を掛けていると田舎のコタツみたい。温かくて眠くなるの」などと言った。

「オンドルは朝鮮人の発明の中でも特別にすぐれた生活の知恵さ。湿気からくる病気が治るそうだもの」

晴れた日の喜美子は快活だったが、天気が悪いと気持ちまで落ち込むようだった。

「雨の降る日は天気が悪い。これは意味の無い駄洒落《だじゃれ》だが、雨の降る日は洗濯物が乾かない。これは科学的だ。それに喜美子の頭が痛くなるというのは病理学的だ」

そんな冗談を言う廣志に喜美子は、

「朝鮮の民話か踊りが書いてある本を探して下さい」と頼んだ。

一週間ほどすると廣志は何冊かの朝鮮の絵本を持ち帰った。夕食の片付けを済ませた喜美子が

オンドルの床に座って絵本を読み出した。

「美しい女の人が男に言いました。『どうか私の羽衣《はごろも》を返してください』。すると男は『お前が私の嫁になってくれたらいつか返してやろう』。その言葉を信じて、女はその男のお嫁になりました」

「えっ、喜美子はハングルが読めるのか」

机に向かっていた廣志は後ろを振り返った。もちろん見慣《みな》れないハングル文字で書いてあるので喜美子には読めない。

「でも絵をみると大体のことが分かるわ。これって日本の『天《あま》の羽衣』と同じだね」

「うん、元は中国にあった民話だと思う。それが朝鮮と日本に伝わったのだろう」

しばらく絵本に見入っていた喜美子が、

「ああ、やっぱり違うわ。ほら赤ちゃんが二人できるけど男は羽衣を返さない。でも三人目の赤ちゃんが生まれると羽衣を返すのね」と声を高めて言った。

廣志も机を離れて絵本を覗《のぞ》き込んだ。

「三人目の赤ちゃんが生まれれば嫁さんも天へ帰るのを諦《あきら》めるということか」

廣志の言葉を聞きながら、喜美子はゆっくりと最後のページを開いた。

「あっ、すごい。違うわ」

そこには両腕に子どもを一人ずつ抱いて、三人目の赤ちゃんを両足で抱いた天女が空に浮かんでいた。

「まさか三人目の赤ちゃんまで連れて天に帰るとは男も考えなかっただろうな」

こんな話をしながら秋の夜長を過ごした。しかし北風が吹いてくるとオンドルを炊いても暖まるのは床だけで空気は冷たい。柔らかい喉を刺激した冷気は喜美子の肺まで痛めつけた。

そのうちに咳《せき》が続いて喜美子は肺結核と診断された。看病する廣志も体調を崩した。廣志は妻の病気静養のため退職し、郷里山形村へ帰ることにした。

一九二六年暮れのことだった。

＊　＊

二〇一二年七月。

夏の甲子園を目指す県大会で勇一の学校の野球部は二回戦で負けてしまった。夏休み前に記念祭も終わってしまうと、勇一は熱中するものを見失っていた。

そんな時、担任で日本史担当の浅井先生が、

「お盆のころ何か予定があるかい。できれば山形村を案内してほしいのだが」と声を掛けた。

勇一の予定は学校の補習授業とアルバイトくらいだった。アルバイトは祖父がやっている長ネギの収穫の手伝いだったので、いつでも都合がつく。そのことを話すと、祖父も案内を買って出てくれた。

十三日の午前十一時に小学校のグラウンド前で待っていると白い乗用車が停まった。浅井先生が降りてくると彦じいさんが、

「太田彦一です」と挨拶してから先生を中村太八郎の碑の方へ案内した。

黒い御影石には〈中村太八郎生誕の村〉と刻《きざ》まれている。先生はカメラを出して写真に撮ってから、そこに刻まれた短歌を声に出して読みながら手帳に書きつけた。

大声に喧嘩《けんか》の如《ごと》く語りたる　人ぞ恋しき　山ぞ恋しき

「友人の木下尚江《なおえ》（註⑥）の短歌ですね」

先生はそう言ってから中村太八郎の説明を始めた。

「明治の帝国憲法では選挙権があったのは直接国税十五円以上を納める二十五歳以上の男子だけでした。それで太八郎は木下尚江とまず松本で普通選挙同盟会を設立して、そのあと東京へ出て運動をねばり強く続けたのです」

勇一は先生の説明を聞いて、昭和三年の総選挙から普通選挙が行われたことを知った。（註⑦）

彦じいさんが少し離れた方を指差して、向うにあるのが永田兵太郎の記念碑だと説明した。

「善光寺の仁王門を寄贈した資産家でしたね」

「ええ、永田廣志を養子にした人でもあります」

勇一はそこに弟の勇次が隠れているのを見つけた。それで弟も一緒に行きたいと言っていると先生に告げると、

「いいよ。車には充分乗れるから」という。

それを聞いて、弟が姿を見せてニコリとした。彦じいさんが先生の車の助手席に座った。

「中村太八郎の生家も永田本家も大地主でしたね。そういう階層《かいそう》から普選運動家や永田廣志のような哲学者が生まれたのは興味深いですよ」

「清水寺へ行く途中ですから、永田廣志の生家と墓地を見たらどうでしょう」

「そうしましょう。中村太八郎のことはもっと知る必要があると思うのです」

「こういう先人のお陰で皆が選挙で投票できるようになった訳ですからね」

「そういうことです」

先生と彦じいさんの会話を後ろで聞いていた勇次が、

「だけど先生、うちの父ちゃんは選挙に行かなかったよ」

と言い返した。勇一は思わず弟の脇腹をこぶしで小突いた。

「そうか。面白いことを言う弟だね。選挙に行かないのは理由があるのかもしれないね」

先生はそう言いながら、アクセルを踏《ふ》んだ。しばらく車を走らせたところに永田家の墓地があったが、そこは後で見学することにした。平らな道に出ると彦じいさんが、

「あれが永田本家です」と右手を指差した。

「ほう!」と言いながら先生は車を停めた。

【註】

① 韓国語では途中の濁音《だくおん》が発音できないため「ガ」か「カ」となることが多い。

② 床下に煙を回して部屋を暖める朝鮮独特の建築様式。

③ 夏に飼育する蚕のこと。この地域では蚕に食べさせる桑の生長が遅かったので春蚕《はるこ》よりも夏蚕を飼う家が多かった。

④ 「朝鮮独立万歳」と叫んで運動に参加した数は朝鮮総督府の発表で五十八万人余、『歴史と民族の発見』の中で石母田正は二〇〇万人くらいだと推定している。

⑤ 二十六代高宗の息子で最後の皇帝。最後の皇太子は高宗の孫の李垠《イウン》。日本へ留学した後、日本の皇族梨本宮方子《なしもとのみやまさこ》と結婚した。

⑥ 弁護士として出発し、上京してからはジャーナリスト兼作家として活動し日露戦争に反対した。

⑦ 普選運動により一九二五年に普通選挙法が成立する。しかし政府は、公布前に取り締まりを強化する治安維持法を成立させた。

第五章　父の言葉と旅立ちの決意

一

道路から少し坂道になった所に築かれた石垣の上に長屋門《ながやもん》があり、その奥が永田本家の母屋だった。本棟造《ほんむねづく》り（註①）の大きな家を見ながら彦じいさんが説明し始めた。

「この本家から、廣志の母親になる静《しずか》さんが婿《むこ》養子を迎えて分家を出しました。となりに見えるのが分家です」

「分家というと小さな家を想像しますが大きいですね」

そう言った先生に彦じいさんは、

「廣志の父親は現在の農協のもとになる小坂信用購買組合（註②）を設立した人です」

彦じいさんはそう言いながら分家の方へ移動した。本家のような門はなかったが分家の屋根も高く周りの屋敷林《やしきりん》は見上げるほどだ。

弟の勇次が背丈ほどに伸びた庭の植え込みを見ながら、

「木や草がいっぱいで怖いなあ」と言った。

彦じいさんがそれを聞き付けた。

「当時は木がもっと小さかったと思います。廣志が子供のころ幹に文字を刻んだ木があるはずですが、木が大きくなり過ぎて分からないですね。廣志は夏休みにここで勉強したのです」

「よくご存知ですね」

彦じいさんは「郷土史を勉強する史談会に入っています」と答えてから、

「朝鮮から帰った廣志はここで病気の奥さんを看病したのです」と言い足した。

「養生《ようじょう》した奥さんが死んで廣志は衝撃を受けたでしょうね」

先生がしみじみした口調で答えた。

「哲学を専門にやろうと決心したきっかけになったのではないでしょうか」

何枚か写真を撮っていた先生は彦じいさんの方を見て言った。

「廣志が哲学書の翻訳を始めた頃に父親は村長を務めていたのではないですか。父親も困ったでしょうね」

「おそらく父親は廣志の能力を生かそうと覚悟を決めていたのでしょう。廣志が検挙されて病気になった時もここで静養したそうです」

彦じいさんは車に戻ると「では次に墓所を案内します」と言った。車は先ほどの墓所の下へ戻っ

永田廣志の生家

た。

広い墓所の奥へ進んで行くと永田家の墓石が沢山並んでいる。一つ一つ墓石に刻まれた文字を読んでいた先生が彦じいさんに、

「この経歴を見てください」と声を掛けた。

近づいてみると本家の墓石に父久吉の経歴が刻まれていた。

「ここに〈今井村中原家より養子縁組した〉とありますよ」

「ほう、知らなかったですね。永田本家の財産を築いた人が養子だったとは。今井村は向うに見える隣村です」

彦じいさんが指差した方向に広々とした畑が続いている。長イモや長ネギ、それにスイカ畑の向うの平地に学校らしい建物や民家が見えた。

「あの村が自由民権運動家の上條螘司《ありじ》（註③）が生まれた村です」

「上條蟾司といえば松沢求策と国会開設の請願に上京した人ですね」

明治十年代に全国各地に国会開設の請願運動が起きていた。上條蟾司は県民二万名余の代表として国会開設の請願署名を持って上京した。

「大学の卒論で自由民権運動をテーマに書いているうちに、私は長野県の請願運動に注目するようになったのです。上條蟾司と一緒に上京した松沢求策が『東洋自由新聞』（註④）の発刊に携《たずさ》わったことは重要ですね」

「そうでしたか。山形村にも自由民権運動に参加した人が何人かいますが、廣志の祖父の久吉もその一人です。久吉さんが上條蟾司の今井村の生まれだったことと関係があるかもしれません」

彦じいさんはもう一度墓石に目をやって、

「先生は幕末におきた木曽騒動《そうどう》をご存知でしょうね」と聞いた。

「慶応二年の木曽騒動ですか。あれは凶作《きょうさく》で米不足が深刻になって起きた騒動ですね」

「はい。騒動が次第に暴徒化《ぼうとか》して今井村の上條蟾司の生家も襲われたのですが、この山形村では豪農だった永田家や中村太八郎の生家も襲撃《しゅうげき》されたそうです」（註⑤）

それを聞いて先生はハッとした。

「そういう家から上條蟾司という自由民権家が出たのですか。普選運動に生涯を捧げた中村太八郎はその歴史に学んだということでしょうか」

「恐らくそうでしょう。私もそれを知って驚きました」

車に戻って少し坂道を上ると塀に囲まれた大きな庭木が見えてきた。

「あれが永田廣志を養子にしようとした兵太郎の大西の屋敷跡《やしきあと》です」

先生はしばらく車を停めて屋敷跡を眺めた。明らかに人が住んでいない屋敷跡だった。

廣志は「父への手紙」に〈立派な養子があったにしても大西の財産は二代三代と続くものではありません〉と書いた。

「廣志が書いた通りになりましたね。先生、これからのご予定は？」

彦じいさんがそう聞くと、今日のうちに滋賀県の実家へ帰るという。

「それでは清水寺の顕彰碑を見学してから中村太八郎の生家を見ることにしますか。清水寺は坂上田村麻呂に縁がある寺です」（註⑥）

「では見学したら名物の蕎麦《そば》を食べましょう」

「やったー」と後部席から勇次が大きな声をあげた。先生は笑顔になってアクセルを踏み込んだ。

二

一九二六（大正十五）年十二月、廣志は喜美子を連れて山形村に帰って家族に支えられて療養生活をした。特に妹のよしが親身になって手助けしてくれたが、喜美子の病気は快復しなかった。

この年の十二月二十五日、大正天皇が没し昭和と改元《かいげん》された。昭和元年は六日間だけで、年が明けると昭和二年である。喪《も》に服す期間は音曲が控えられ国中がひっそりとした。そういう中で喜美子がこの世を去った。

廣志はしばらく呆然《ぼうぜん》としてしまった。考えるともなく浮かんでくるのは〈人間とは死ぬものだ〉ということと〈神も仏も何も解決してくれない〉ということだった。

廣志の悲しみを無視して庭の水仙が新芽を出し、蕗《ふき》の薹《とう》が食卓に上る（註⑦）ようになった。樹々の若葉が春風にそよぐ時期になると苗代に種籾《たねもみ》が蒔《ま》かれた。

牛に引かせた鋤《すき》で代掻《しろか》きをする姿が見られたが、蚕を飼う農家はいつもの元気がなかった。

「廣志が朝鮮へ渡る前の繭値《まゆね》は一貫目（三・七五キロ）十五円もしていたが、じきに十二円に下がった。これから養蚕はどうなることやら」

母親の嘆きを聞いても何と返事をしてよいか分からない。廣志は時々、朝鮮での短い生活を思い返した。二人で撮った写真に着物姿の喜美子が写っている。若いふくよかな顔は楽しかった新婚生活を思い出させるが、もう現実の世に喜美子はいない。

そのことを忘れようとして、廣志は朝鮮から持ち帰ったロシアの文献を翻訳してみた。気持ちが落ち着いている時には翻訳が進んだが、

「しかしこのままではいけない」

農家の人たちが蚕を飼う桑の葉を運んでいるのを眺めていると、こういう気持ちが湧いてくる。

新聞によれば満州でロシア軍の極東軍が輸送を活発にしているという。ロシア軍だけでなくイ

ギリスも租界《そかい》の居留民《きょりゅうみん》を保護する名目で単独出兵した。こういう状況をみて廣志は父親に自分の気持ちを伝えた。

「この一月、イギリスは日本に共同出兵を要請してきました。しかし幣原《しではら》外相が出兵を断わると、国内では『軟弱外交』と批判する声が強まっています。僕はこれから日本がどうなるか知るため東京へ出たいと思います」

父親は廣志の顔を見ながら、

「若いお前がここに埋もれることができないのは分かる。だが足元をよく見ないと駄目だ」

そう言った後で自分の部屋へ来るように促《うなが》した。廣志が父の部屋へ行くと、

「これは慶応二年の木曽騒動の記録だが」

と言って文机《ふみづくえ》の上に置いた和綴《わと》じの本を開いた。

「この年は水戸浪士との戦いなどで農民は多額の御用金を申し付けられた（註⑧）。その後の凶作が続いて米の消費地だった木曽方面では米不足が深刻となったのだ」

ページをめくりながら父親はしみじみした口調で語り始めた。

「最初は米を普通の値段で送らせる〈米証文〉を取り付ける目的だった。ところが次第に人数が多くなりだすと金持ちの米屋を襲って炊き出しや酒を要求し始めた」

そのうちに手拭いや足袋などの物品《ぶっぴん》を要求するようになり、最終は禁じていた打ちこわし火付けに発展した。

「私の生家は宗賀《そうが》村本山《もとやま》の本陣だった。だからこの騒動を抑える立場にあったが、暴走し始めた人たちを止めることができなかった」

この事件の参加者は都合二千人余り。処分された者は入牢百名余、牢死十五名。首謀者《しゅぼうしゃ》の丸山左源太は打ち首の上さらし首にされた。

「事件の中心になった左源太さんは私の父を慕っていたし、父も実の弟のようにかわいがっていた。もう一人の中心になった笹屋伝左衛門《ささやでんざえもん》さんは牢獄で死んでしまったが、刑罰の名目は島流しだった。私はひと時も木曽騒動の犠牲になった人たちを忘れたことがないのだ」

そう語る父親の両目から涙が溢《あふ》れた。涙を拭いた父親はさらに話し続けた。

「農民は一人では弱いものだ。地主に絞り取られ、凶作で喰えなくなると暴動を起こしたりする。しかし暴動で手に入れる米は一時的なもの、また元の貧乏に戻ってしまう」

父が信用購買組合を設立した理由はこの辛い体験があったからだろう。一人の力は弱いから共同で種や肥料を仕入れる。そして豊作の年に貯蓄《ちょちく》をすれば凶作《きょうさく》だからといって喰えないことはない。そう考えた父の意思を受け継ぐのだ。

「お父さんの教えはよく分かります。ですから世直しには、それに相応しい筋道が必要なのではありませんか」

廣志は父親の顔を見てそう言った。

三

歴史を振り返れば、アジアの情勢は大きく変わってきた。それまでアジアは中国を中心に秩序を保っていたが、それが破れたのがアヘン戦争である。中国に市場を拡大しようとしていたイギリスが清にアヘンを密輸出しようとした。清がこれを焼いたことからこの戦争は始まった。（註⑨）アヘン戦争で清が敗れたことはすぐに日本に伝わった。欧米列強の進出に対する警戒心が高まるさなか、一八五三年に大砲を積んだ黒船を率いてペリーが浦賀にやって来た。

「日本はペリーの恫喝《どうかつ》に負けて開国したのですが、日本はペリーがしたのと同じ方法で朝鮮に開国を迫りました」

廣志は改めて両親の前でこれまでの歴史を述べた。

「その後の富国強兵政策で日本は日清戦争に勝利しました。続いて日露戦争でロシアを破ったことで日本は欧米に並ぶ国家の仲間入りをしたのですが、それ以来、日本は中国大陸へ戦力を拡大してきました」

父も母も黙って廣志の考えを聞いている。田中義一が首相になって山東省へ出兵したことで日本の将来を心配しているのは廣志と同じだったからだ。

「僕は朝鮮の様子を見てきたので、これからの日本が進む道が心配なのです。そのために東京へ出たいと思います」

廣志がそう話すと父親からは厳しい答が返ってきた。

「私も世の中の動きが気になるのはお前と同じだ。だがいったいどんな仕事に就くつもりなのだ」

持ち帰ったロシアの文献を翻訳して出版したいと思う、と廣志は答えた。

父親はまずは身体を丈夫にすることだという。しかしそれほど悠長《ゆうちょう》にはしていられない。

「田中首相は長州の軍人出身ですから軍部を抑え切れないでしょう」

「ここにいても翻訳の仕事はできるだろう。翻訳の仕事がくるようになってから東京へ出ても遅くはないだろう」

廣志は父親の顔を見て言った。

「お父さんが農民の共同組織を作ったのは、小作人の苦労を知っていた中村太八郎と同じ気持ちからですね。お父さんの考えや太八郎さんの後に続く世直しの理論を確立するために、僕は生きてみたいのです」

母親は廣志の将来を心配して、

「東京で生きて行くには相当な覚悟がいるよ」と言った。

母親には大変な苦労を掛けた。そのことを廣志はよく分かっている。

「僕のことを心配してくれるのはたいへん有難いのですが、文筆活動のために東京へ出なくてはならないのです。どうか認めてください」

「お前にその覚悟があるなら私は止めない。だが今度の総選挙でもお前の考えるような政治がすぐに実現するとは思われない。道程《みちのり》は長いから身体を鍛《きた》えご飯をしっかり食べなさい」

父親はようやく理解を示してくれた。外で青い柿の実が落ちる音がした。

田んぼの稲が色付き穂の垂れる時期には台風が来る。山形村は水田が少ないから稲の収穫は村人の死活問題だった。

四

年が明けて一九二八（昭和三）年の二月、総選挙が行われた。普通選挙法は二年前に両院を通過して、二十五歳以上の男子に選挙権が与えられていた。選挙で投票できる人の数は増え、無産派といわれる勢力からは六人の当選者があった。それで政府は千六百人にも及ぶ活動家を検挙し投獄した（註⑩）。

中国大陸での戦線の拡大に注目して新聞を読んでいた廣志は、

「張作霖《ちょうさくりん》が殺害されました」と父親を呼び止めた。

役場に出掛けようとしていた父親は廣志の手から新聞を取って紙面を見た。しばらく動こうとしなかったが、やがて重く口を開いた。

「数日前に張作霖は北京を離れたと書いてあったが、日本はどうするつもりなのか」

満州軍閥の張作霖が殺されたこの事件は、関東軍の謀略であったことが後に判明する（註⑪）。

「不景気で不安が高まるのを避けようと、海外に目を向けるでしょうね」

この頃、アメリカ市場の大暴落の影響から世界恐慌になり、繭値《まゆね》は一貫目二円まで暴落した。養蚕農家が大打撃を受けたことはいうまでもない。

今年も柿の実が色付いてきた。江戸時代に竹田村だった地区でよく実る竹田柿という種類の柿がある。それほど山形村は柿の産地だ。どの家でも柿の皮をむいて干し柿を作る。

甘い干し柿は疲れた頭を休めてくれる。干し柿が大好きだった廣志は、頭がすっきりするとまた翻訳に集中した。

廣志は先輩の河野重弘と共同で『哲学とマルクス主義』を翻訳した。続いてロシアの文献からデボーリンの著作『弁証法的唯物論の哲学』を川内唯彦（註⑫）と共同で翻訳していた。この本はよく売れた。

デボーリンは、ロシアで発行されている「マルクス主義の旗の下に」という雑誌の編集責任者である。この翻訳で廣志は注目され始め、プロレタリア科学研究所に所属した。廣志の上京を促す大勢の友人たちがいた。

【註】

① この地方独特の正面が高く左右に屋根が大きく伸びている造り。

②明治七年に三村が合併した後にできた互助組織。現在この顕彰碑が山形村農協の敷地内にある。

③師範学校を卒業して教諭になった上條螘司は、教職を辞職して松沢求策と国会請願に上京し約二ケ月間、請願運動を続けた。

④植木枝盛たちと発刊した民権拡張を目指した新聞。初めの社長は西園寺公望《きんもち》だったが政府の横槍で辞職した。

⑤「米証文」を書かせた家や打ちこわしの対象になった家などが「ちょぼくれ」という俗謡によって語り継がれている。小坂村では名主の長田幾蔵が襲われているが、長田姓は永田廣志の三代前に永田に改姓された。

⑥東北平定に向かった坂上田村麻呂が祈願し、戦功があった。そのため田村麻呂は京都に清水寺を建立したと伝えられている。

⑦蕗の新芽を味噌で油炒めにする郷土料理。

⑧水戸浪士が和田峠を越えて尊王攘夷《そんのうじょうい》を訴えてきたため、それを阻止するように幕府から諏訪藩と松本藩に出兵要請があった。加えて長州との戦《いくさ》で御用金が課せられた。

⑨イギリスと清の間でアヘン戦争が起きて中国が敗れると支配が揺らぐ。さらに日清戦争の後、日本が中国へ進出すると日本に抵抗する〈五・四運動〉が起きた。

⑩普通選挙法が両院を通過したのは一九二五年、実施されたのが一九二八年。その年に三・一五事件と呼ばれる大弾圧事件があった。

⑪後の日中戦争の前哨戦《ぜんしょうせん》として中国側に日本に対する根強い反感を呼び起こした。山東省へ派兵され

た日本軍は約十万にふくれあがり、中国側の死傷者は約五千人を超えた。

⑫ 東京外語ロシア語科の先輩で、日本共産党創立者のひとりである。また川内唯彦は堺利彦や葉山嘉樹と同じ福岡県京都郡みやこ町の出身である。

第六章　哲学者の道を

一

夏休みが終わった。日本史の授業で席が近い伊藤千恵が、

「ねえ、こんど山形村を案内してくれない？」と勇一に聞いた。

「急にどうして？」

千恵は勇一が浅井先生と永田廣志の生家や中村太八郎の顕彰碑を見に行ったことを聞いていたのだ。

「永田廣志は私の祖父と知り合いだったの」

「祖父って、どういう人？」

「太平洋戦争が終わった頃、永田廣志と一緒に仕事をしたことがあるそうなの」

「東京で知り合ったのかな」

「さあね。とにかく放課後、図書館へ来てよ」

勇一は伊藤正一（註①）という名前を初めて聞いた。授業が終わってから図書館へ行くと、司書室に図書委員が何人か待っていた。そのうちに浅井先生が姿を見せて、勇一に夏休みの礼を言った。

伊藤千恵が「私の祖父が『民科』という組織で永田廣志と出会ったそうです」と話し始めた。

「『民科』というのは民主主義科学者協会のことで戦後すぐにできた組織だよ」

伊藤千恵の話によると、戦争中に身体を壊した永田廣志は松本へ帰って療養しながら活動していたという。

「祖父は仕事で松本と東京を行き来していた時に、永田廣志を紹介されて民科を立ち上げるように指示されたそうなの」

千恵の話を聞いて先生が、

「私も夏休みに永田廣志の業績を調べてみたんだ」と話し始めた。

「朝鮮から帰った永田廣志は入手したロシアの文献の翻訳をした。初めはデボーリンの著作の翻訳が多かったようだね」

浅井先生がそう言うと伊藤千恵が、

「先生、デボーリンってどんな人ですか。私の祖父は物理学を学んでいたのですが、関係ありますか」と聞いた。

「ソ連の哲学者で『弁証法と自然科学』という著作がある。私も読んだことがないけれど自然科学と物理は関係あるだろうね」

そこで勇一も先生に聞いてみたくなった。

「夏休み前にシベリア出兵のことを話してもらいましたが、その後のことを教えてください」

「そうだね。日本史の授業ではなかなかここまで進まないから」

先生がそう言って説明を始めた。

張作霖の殺害に日本の軍人が関わっていたことが分かって田中義一内閣は辞職した。次に民政党の浜口雄幸《おさち》が組閣したが、張作霖の爆殺の責任を曖昧にしたあたりから軍部の力が強くなってきた。伊藤千恵が、

「ロンドンで海軍軍縮会議が行われたそうですが、そのころの日本は軍縮に賛成だったのですか」

と質問した。

「中国への出兵が続いて、日本国内では軍拡と軍縮の勢力が対立していたというべきだろうね。軍縮会議の調印を弱腰《よわごし》外交だと批判する勢力があった」

その代表は満州地域への進出を狙っていた関東軍である。それを阻止しようとしたのが朝鮮に接している間島《かんとう》地方の朝鮮人民軍ゲリラ（註②）だった。

「永田廣志は朝鮮の新義州にいたことがあるから日本軍の動きには敏感だったのだと思う。廣志が活発に翻訳活動をするのはこのころからなんだ」

勇一にもその頃の歴史が少し分かりかけてきた。この先に満州事変が起きて、中国との全面戦争になるのだ。

「先生、永田廣志や中村太八郎のことをもっと知りたいので太田君に山形村を案内してもらいましょう」

伊藤千恵がそう言うと、先生も賛成した。

「山形村には重要な人物がいるんだ。清水寺にある中村太八郎の顕彰碑も見学したらいいね」

「決まりだね、太田君」

千恵が強引に言って、勇一は図書委員の有志を山形村へ案内することになった。

二

張作霖を爆殺した責任が曖昧《あいまい》になって以来、軍部の発言力が強くなっている。同時に国内では治安維持法による取締りが強化され始めた。

一九二九（昭和四）年四月、全国的に活動家の大規模検挙があった。逮捕された大勢の中にいた諏訪出身の伊藤千代子（註③）は獄中で重い病気になり九月に逝去した。

そういう世の中の動きを知る度に神経をぴりぴりさせながら、廣志は東京に出る時期を待っていた。昭和五年の六月、水不足が心配されていた水田に恵みの雨が降り始めた。その雨に押されるようにして廣志は郷里を離れた。

東京は東京外語のロシア語科を卒業して以来である。懐かしさを感じながら廣志はまず先輩の河野重弘を訪ねた。

「よく思い切って上京したね」河野はそう言ってから、

「プロレタリア科学研究所では多くの人が君にデボーリンの著作をもっと翻訳してほしいと待っている」と言い足した。

廣志はそれよりも海軍軍縮会議のことを聞きたくて、

「日本が軍縮条約に調印したことで、軍部の批判が大きくなっていますね」と切り出した。

「軍縮条約に調印したことを天皇の統帥権《とうすいけん》に違反する（註④）と主張する猛烈な反対派がいるんだ。それに対して東京大学の美濃部達吉教授に憲法解釈を依頼したところ『憲法違反ではない』と解釈してくれた」

美濃部教授の解釈を押し通して一応の落ち着きをみせているが、日本の進む方向はどこの文献にも書かれていない。

「国民は権威のある人の意見を尊重するんだ。今度の憲法解釈では美濃部教授の役割が大きかったよ」と言ってから「君の本家と美濃部教授は親戚だね」と聞いた。

廣志の伯父である永田恒三郎は、東大の法学部で美濃部達吉の兄・俊吉と同級生だった。恒三郎が名古屋の控訴院判事《こうそいんはんじ》だった時に結婚した美濃部いよは、美濃部兄弟の分家の姪《めい》である。（註⑤）

「伯父さんが長岡の裁判長を退官して郷里の山形村に帰るまで僕の父母が本家を守り、それから分家したのです」

「そうか。これから軍部と知識人との対決はますます厳しくなるぞ。さあ君も研究所で張り切ってくれ」

秋田雨雀や三木清などが中心になってプロレタリア科学研究所を結成したのは、廣志がまだ山形村にいた頃だった。

上京した廣志が所属したのはその研究所の哲学部唯物弁証法分科会だった。

「永田君は朝鮮でソ連の文献を翻訳していたそうだね」

「ロシア語の実力がすごいそうじゃないか」という声が聞かれた。

＊　＊

若い有能な研究者たちと過ごす時間は充実していた。哲学部ではドイツの哲学者の研究が盛んで、ドイツ農民戦争の研究からカントやヘーゲルに至るまで熱心な討議が繰り返された。最近注目を集めている若い研究者がこう発言した。

「ヘーゲルの言葉に〈歴史は世界精神がだんだんと自分に目覚めていく一つの物語だ〉という一節がある。ヘーゲルは歴史が個人的意識によって進むのではなく、むしろ複数の個人の無自覚的行動によって、いわば激情に身をゆだねられると述べている」

廣志が黙って聞いていると、若い研究者はさらに自分の解釈を続けた。

「このような歴史を実現させる原理を、ヘーゲルは〈理性の狡知《こうち》〉とまとめている。だが果たしてそれだけでいいのか。我々の時代はさらに民衆の役割を明確にすべきではないだろうか」

ヘーゲルのいう〈理性の狡知〉ということと〈個人の激情〉とはどう重なるのだろうか。

研究所の若い研究者たちの討論がさらに続く。

「中江兆民《ちょうみん》は『我《わが》日本古来より今に至るまで哲学無し』（註⑥）と言ったが僕はそうは思わない。江戸時代の封建社会を批判した人たちの中に、僕らは変革の原点を探すべきではないか」

中江兆民は明治七年にフランス留学から帰国し、日本に初めてルソーを紹介した人だった。廣志も中江兆民に関心を抱いていたので口を開いた。

「確かに中江兆民はそう言いました。だがあれは兆民の逆説か誇張ではないかと思うのです」

大勢の視線を受けながら廣志は続けた。

「江戸時代の後半には流通が発達してものごとを分量やお金で考える傾向が生まれました。商業が盛んになるにつれて幕府が奨励した朱子学は『あるべき姿』を教える観念論でしたから力を失ってきました。朱子学が力を失ったことと封建制度が崩壊する要因との関連を考えるべきではありませんか」

「永田君は、ロシアの文献に詳しいだけではないんだね。我々はドイツ農民戦争に新しい宗教批判を感じ取るし、汎神論者《はんしんろんじゃ》だったスピノザ（註⑦）の中にも無神論の要因を見出すからなあ」

この発言が「封建社会の批判者といえば誰だろう」と発展した。

「まず安藤昌益《しょうえき》（註⑧）、それから三浦梅園《ばいえん》（註⑨）、続いて山方蟠桃《ばんとう》（註⑩）かな」

「明治維新の後では中江兆民を見直さなくてはいかんな」

「いや、中江兆民を見直すならば堺利彦も重要ではありませんか。堺利彦は自分の理論を実践した人物として重要です。それから福沢諭吉の影響が大きいですが、これをきちんと批判することが大事だと思います」

「おい、永田君は福沢大先生を批判するつもりかい」

「はい。福沢諭吉は明治初期の最大の啓蒙思想家ですが、僕は福沢の自由主義には限界を感じるのです」（註⑪）

廣志はそう言ってから福沢諭吉の〈富国強兵政策〉や〈官民調和政策〉が今の日本の進路の基本になっていることを強調した。

「しかし福沢諭吉の理想を論破するのは不可能に等しいのではないかな」

「いいえ。それをしなくては日本が朝鮮を植民地支配していることや中国に進出していく背景を解明できません」

「永田君は本気で福沢諭吉を研究してみる気だね」

「はい。今日のように軍部が台頭《たいとう》してくるのは彼らなりの理論があるからです。軍部には自己批判の精神がありませんから、それを僕たちがやらなくてはならないのです」

廣志は新しいテーマを見つけた。そして郷里の先輩の木下尚江や中村太八郎を思い浮かべた。

三

『火の柱』を書いて日露戦争を批判した木下尚江はその後、社会運動から遠ざかった。普通選挙が実現してからの中村太八郎は何を考えているだろうか。先輩が提唱している『土地国有化論』は自分が進もうとする道と同じなのかどうか。廣志は郷里の先輩に会って聞いてみようと考えた。

生活のリズムができてきたので廣志は同じ村出身の中村太八郎を訪問した。太八郎は老いを感じさせたが大きな声で、

「普通選挙は実現したが活動家が弾圧されるとは、どうもおかしな方向へ行ってしまった。それで君の仕事の方はどうだい」と聞いた。

廣志はいま自分が翻訳している『マルクス主義の基礎理論』と『レーニン主義弁証法』のことを話した。

「いまはそういう理論が求められているだろう。だが大切なことは日本の歴史をその理論でどう解釈するかではないかな。例えば仏教を排撃した廃仏毀釈《はいぶつきしゃく》をどう考えたらよいかな」

太八郎はそう言って郷里の波多《はた》村で若澤寺《にゃくたくじ》（註⑫）が取り壊された話を持ち出した。

「あれは民衆のエネルギーが改革に向かって爆発したと見る解釈と無自覚的な行動だという解釈が対立しています。それで私は廃仏毀釈を思想面から正しく分析したいと考えています」

「人々が宗教に救いを求めるのは現実に苦しみがあるからだ」

太八郎も廣志と同じことを考えているようだった。

「しかし研究所には無神論を唱える研究者が多いのです」

廣志は研究者としては先輩になる三木清を批判する論文を書いていた。それは研究所の中に〈宗教に対してあいまいな態度をとることは我々の研究所にふさわしくない〉という考え方が主流であったからである。

「宗教について理解を深めるなら木下尚江君を訪ねてみるといい」

木下尚江は、太八郎が松本で普選運動を始めた時からの親友である。廣志は『懺悔《ざんげ》』という自伝を読んだが、木下尚江が自分を責める理由がよく分からないと答えた。

「木下君は石川半山の毎日新聞入社した頃が一番輝いていたなあ」

と言った。太八郎は帰り際に、

「ご母堂の死をきっかけに正座によって精神の安定を求めたのだ。そういう心境になったのはその後の社会情勢が木下君を孤立させたということを忘れないでほしい」と言い足した。

＊　＊

本屋に通い始めた廣志は安藤昌益の『自然真営道』を解説した本を見つけて大喜びした。昌益の代表的な著作は青森県の八戸《はちのへ》で書き上げたこの『自然真営道』である。この一〇一巻九十三冊に及ぶ書物を書き上げたきっかけは飢饉《ききん》であった。この地方特有の冷たいやませという東風により、当時の八戸では凶作と飢饉が猛威《もうい》をふるっていた。加えて焼き畑農業を繰り返したことで自然の摂理《せつり》が狂ってイノシシが大発生し、農産物がイノシシに食い荒らされて多くの餓死者が出たのである。

これは猪飢渇《いのししけがち》と呼ばれた。〈けがち〉は〈飢饉〉の意味である。昌益は不幸にして天寿《てんじゅ》をまっとうできなかった人たちのためにこの書物を書いたのだ。永田廣志は安藤昌益の人間を尊重する生き方に共鳴した。

「食物を生産する農民たちの多くが飢饉で命を落とし、支配階級である武士たちには大きな被害がない。僧侶も飢え死にする庶民を救ってはくれなかった」

廣志は何のために哲学を学び本を書くのかを考えた。世の中がどのように構成されていて、幸福な人間社会を築くためには何が必要か、そのために役立つ考え方を広めるのが自分の仕事である。こう考えると、廣志の心に父親と別れる時に交わした言葉が浮かんできた。木曽騒動を起こした人たちは食う米に困っていた。「米証文」を書かせる要求が無計画で衝動的だったために、打ち壊しや焼き討ちにまで発展した。そのための犠牲はあまりに大きかった。

「何よりも思想の豊かさが求められる」

廣志はそう考えた。彼の生活は決して裕福ではなかった。そのことに苦しさは感じなかったが、一日も早く正確な世界観を打ちたてなくてはならないという気持ちに駆り立てられた。研究所に集まる研究者たちの間では外国の哲学だけでなく、日本の江戸時代から明治維新にかけての研究も盛んに行われた。

『戦闘的弁証法的唯物論』の翻訳に熱中している廣志を心配した研究所の岡邦雄《くにお》が、

「君、健康であってこそ仕事もできるのだよ」

そう言って結婚を勧めた。

「結婚に踏み切るかどうかの前に大きな課題があるよ」

一九三一年（昭和六）三月、戦闘的無神論者同盟の設立準備が進められていた。

「その課題と結婚は別に対立することではないだろう。君、英文タイピストをしている北川ゆりという女性に会ってみたまえ」

廣志の答えが明確にならないうちに反宗教闘争同盟の演説大会が上野で開催された。

宗教への関心が予想以上に大きくて傍聴する者が会場にあふれた。主催者も官憲もその対応に追われるなかで演説大会が終わった。

しかし若い研究者たちが運動を進めるスピードを上回って、日本軍国主義は拡張を速めた。九月十八日の夜、中国東北地方の柳条湖《りゅうじょうこ》付近の南満州鉄道で爆発が起きた。関東軍はこれを中国軍の仕業だとして中国東北軍を攻撃した。これが満州事変の始まりである。この後、日本は中国から「満州国」を独立させ、東南アジアへと侵略を拡大してゆく。十五年に及ぶアジア太平洋戦争はここから始まるのである。

【註】

①　伊藤正一は戦時中陸軍航空研究所でターボエンジンの開発に携わっていた。戦後すぐに永田廣志とともに松本市で「民主主義科学者協会松本支部」をつくる。そのほか雲ノ平へ最短で向かうルートとして伊藤新道をつくり山小屋の主人になった。

②　朝鮮軍の間島パルチザンが日本軍を苦しめた。その勇敢さは槇村浩の詩集『間島パルチザンの歌』に記録されている。

③　諏訪高等女学校（現在の諏訪双葉高校）卒業。伊藤千代子の恩師であった土屋文明は彼女の死を悼んで短歌を詠んだ。

こころざしつつ　たふれし少女よ　新しき光のなかに　おきて思はむ

④　国防計画の立案は天皇の統帥権に属する。政府が軍令部長を無視して条約を結んだことで攻撃された。

⑤美濃部家は菅原道真を祖先としている名門である。美濃部達吉は後に「天皇機関説」で貴族院議員の職を追われる。

⑥中江兆民の著者『一年有半』にある言葉。

⑦十七世紀のオランダの哲学者（一六三二～一六七七年）。スピノザの哲学は、近・現代の西洋思想に大きな影響を与えてきた。ヘーゲルは「スピノザは近代哲学の原点である」と述べた。

⑧安藤昌益は著書の序に「非命にして死せる者のためにこれを記す」と書いている。

⑨三浦梅園は自然界の真理を言い当てており「唯物論に通じる学説」と見なされる。

⑩永田廣志は『日本唯物論史』の中で、〈山方蟠桃は地動説的宇宙論と朱子学的合理主義を結びつけ、無神論を大胆に結論した思想家〉と書いている。

⑪『日本唯物論史』の中の「第二篇――明治初年の啓蒙」で、〈福沢諭吉は疑いもなく明治初期における啓蒙の最大の代表者であり、日本におけるブルジョア文化の最大の開拓者の一人である〉と書いた後に、〈しかし彼の政治的傾向は自由主義以上に出ることは出来なかった。その自由主義も極めて微温な、右翼的なものであった〉と書いた。

⑫当時は「波多」の漢字を用いた。長野県の旧波田町（現松本市）にあった寺で、信濃日光と呼ばれるほどりっぱな伽藍があったが明治の廃仏毀釈で全て取り壊された。

第七章　栄光と苦悩の研究者生活

一

浜口首相は軍令部の反対を押し切って海軍軍縮条約に調印したが、右翼にピストルで撃たれて重傷を負った。浜口首相の容態が悪くなったため、一九三一（昭和六）年四月に浜口の後を継いで浜口と同じ民政党の若槻禮次郎が組閣した。その後軍部に煽《あお》られて若槻内閣は「満蒙は日本の生命線である」という宣伝を強化した。資源の豊富な満州に目を着け「日本が国として成り立つ上で確保しなくてはならない地域」という考えは以前からあった。

〈昭和維新〉を唱える勢力が力を持ってきた背景には、日本主義と呼ばれる思想や〈八紘《はっこう》一宇《いちう》〉という理念があった。『日本書紀』に書かれている〈八紘《あめのした》をおおって宇《いえ》となす〉を根拠に日蓮宗の信者が造語したこの理念はかなり影響を持っていた。（註①）

〈八紘〉とは〈天地を結ぶ八本の綱」のことで、転じて『世界』の意味に解釈される。〈一宇〉は〈一つの家の屋根〉を意味し、この理念は朝鮮から中国まで支配しようとする日本の野望に利用され始めていた。

農本主義を掲げるグループが農民決死隊を組織したという報道も伝わってきた。そういう世論を背景に、廣志たちが長野県上田市で反宗教演説会を開いたのはその年の八月七日のことである。東京上野の自治会館での反宗教演説大会の成功に気をよくして演説会では、

〈農民を搾取する坊主をたたきだせ〉

〈民衆の阿片《あへん》〔宗教のこと〕を撲滅《ぼくめつ》しろ〉

など勢いのいいスローガンを掲《かか》げた。演説会はたちまち警察官によって「中止！」を宣告された。それだけでなく運動の先輩である高倉テル（註②）からは「せっかく有利に発展しかけた村の情勢が大いに逆転した」と批判された。農民組合員に呼びかけて行われた演説会だったが〈全農は宗教を否定し敵視する団体だ〉という印象を村人に与えてしまったのだ。

高倉テルの忠告を聞きながら、廣志は自分が農村の出身でありながら農民の気持ちを充分に理解しないで急進的になっていたことを反省した。

マルクスの著書の中の〈宗教は阿片である〉という言葉を平板的に解釈して〈宗教を撲滅しろ〉と叫ぶだけでは農民はついて来ない。葬儀や死後の仏事を取り扱う仏教は民衆の中に根付いているし、村の鎮守《ちんじゅ》の森では秋祭が賑やかに行われている。

〈宗教が果たしている役割を、もっと研究しなくてはいけない〉という議論が研究所で行われて

いたその最中に中国東北地方の柳条湖《りゅうじょうこ》付近で爆発事件が起きた。日本はそれを張学良《ちょうがくりょう》の中国東北軍の仕業だとして戦闘を開始した。

「この爆発事件と戦線の拡大をどう見るべきか」

「政府は不拡大方針で臨んでいるが『満州独立』を狙う勢力は勢いを強めている」

日本の方針に対抗して孫文《そんぶん》が〈三民主義〉を提唱し結束を強めていた。しかし日本の支配から独立を勝ち取る運動は混乱している。（註③）廣志はしばらく黙って話を聞いてから発言した。

「日本は中国内部の対立を利用して、さらに中国に戦線を拡大するでしょうね。満蒙《まんもう》が日本の生命線だという考えは、中国から満州地域を分離させて日本の支配下に置こうということですよ」

その発言を聞いていた研究員が立ち上がった。

「君は辛亥《しんがい》革命によって滅亡した清王朝をどう見ているのですか。三百年続いた清王朝を倒した後の中国は日清戦争の頃とは全く違いますよ」

この先輩研究員が話し始めると留まることを知らない。

「日清戦争に勝って日本は清から三億六千万円も賠償金を取りました。その賠償金で八幡製鉄所を造り軍備拡張にも使って軍事大国になったのです」

研究員はひと息入れてまた続けた。

「軍閥の張作霖《ちょうさくりん》を利用したが価値がなくなるとこれを爆殺し、今度は息子の張学良に抵抗されている。日本は軍縮会議で軍拡に歯止めを掛けられたから焦りがあるのです」

その現れが今度の柳条湖事件だという。

「日本は満州地域への野望を諦めることはできないだろう。蔣介石《しょうかいせき》が共産党との提携を壊したから混乱しているうちに何かやるだろうね」(註④)

廣志は先輩研究員のこの言葉に頷いた。

＊　＊

「木下尚江を訪問してみろ」と言った中村太八郎の言葉を思い浮かべ、廣志はさっそく訪問した。先輩の木下が東京北区に住んでいることを知ったのは、北川ゆりと結婚してこの町に住むことになってからだった。

「中村太八郎から君のことは聞いている。宗教問題では派手にやったそうだね」

「民衆の信仰と、その中に隠れて安住な生活を続ける僧侶階層とを、僕は混同していたようです。今それを本にしようと準備しています」(註⑤)

「そうか。それは楽しみだな」と関心を示してから、

「結婚したそうだな。どんな女性かな」と聞かれて、廣志は外資系の貿易会社で英文タイプの仕事をしている女性だと答えた。

「ほう。英文タイピストとは新しい仕事だね」

そうした身の上話をしてから廣志に「松本中学を卒業したのはいつかな」と聞いた。

廣志の卒業は大正十年だから、明治十九年に卒業した先輩とは三十五歳離れていることになる。明治天皇が松本を訪れた時、開智学校の生徒の一員として天皇の行列が通過する道路に並んでいたという木下尚江は昔を語り始めた。

「私たちが頭を上げた時には行列ははるか彼方《かなた》へ去っていたよ。それから紀元節《きげんせつ》や天長節《てんちょうせつ》が定められたが、学校で儀式が行われるようになったばかりの頃は、生徒に茶菓子やほうびを出していた。だから子どもには悪い儀式ではなかったな。だが元旦に歌った〈年の始めのためしとて〉という唱歌も天皇の治世を称える歌だよ」（註⑥）

木下尚江が東京専門学校の法律科で学んだあと代言人（弁護士）試験に合格した翌年に教育勅語が発せられた。

「天皇の御真影《ごしんえい》はそれからだ。儀式では御真影に最敬礼ということになって雰囲気が変わってきた。校長の訓話も軍人の手柄話ばかりだった。それから私はキリスト教会へ出入りするようになったなぁ」

遠くを見詰めるような眼差しで話す先輩の話を、廣志は黙って聞いていた。木下尚江はいつ時からキリスト教的社会主義者になったのだろうか。天皇についてどんな考えを持っているのかにも廣志は関心があった。（註⑦）

「足尾鉱毒事件に取り組んでいた田中正造と出会って考えが変わったなあ。日本は日清・日露の戦争に勝って軍事を優先する危険な道を歩み始めたね。これからますます国民を犠牲にするだろう。日露戦争を終結することができたのはルーズベルト大統領の仲介のお陰なのに」（註⑧）

それから廣志の顔を正面から見て木下尚江は、

「日蓮宗の信者だか日本主義者だかが〈八紘一宇〉を持ち出しているなあ。『世界は一つの屋根の下で平和に暮らす』なんて言っているが君はどうみているかね」と聞いた。

「危険な思想だと思います。孫文が辛亥《しんがい》革命で掲げた理念とは異なりますね。孫文が掲げた〈五族共和〉は漢族や満州族など中国を支配する民族だけでなく、モンゴル族もウイグル族もチベット族まで含めた中国大陸の民族が平等の立場で暮らす社会ですから」

「日露戦争で日本はロシアから賠償金を取れなかった。それで国内で暴動が起きたね。最近の軍部も危険だが、それを支持する民衆ももっと賢明にならなくてはいけないよ。清王朝の再興を夢見る愛新覚羅溥儀《あいしんかくらふぎ》と日本の軍部が手を組んだら何が起きると思うかね」（註⑨）

廣志はすぐには返事ができなかった。

「研究所でも政府の方針と軍の動きに注目しています。先輩にはもう一度力を発揮して頂きたいものです」

ようやく力を込めて言った言葉に返ってきたのは、

「私は歳を取り過ぎた。これからの道は君たちが切り開いてくれ」だった。

廣志はこの人の栄光と孤立とを同時に感じた。

二

図書委員の伊藤千恵たちが顧問の浅井先生の車から降りたのは、ちょうど約束の十時だった。小学校の西門の駐車場で降りると男性が待っていた。浅井先生が「お世話になります」と頭を下げると、その男性は「上條蟺司《ありじ》先生頌徳会《しょうとくかい》の原山です」と自己紹介した。

自由民権運動家の上條蟺司の案内をこの人に先生が依頼したのである。上條蟺司の顕彰碑は西門のすぐ横にあった。（註⑩）

「りっぱな顕彰碑ですね。これだけの仙台石はめったにお目にかかれません」

先生が感嘆したとおり、数メートルの高さの顕彰碑が石の台座の上に組み込まれ、表面を彫刻刀で削ったように文字が刻まれている。

「本文の文字が浅井洌《れつ》で『上條蟺司先生頌徳之碑』の横書き文字は浜口雄幸《おさち》です」

原山さんが説明すると図書委員たちは「何て書いてあるのかな」とつぶやいた。

それを聞きつけた原山さんが「ここに解説がありますよ」と言って資料を配ってくれた。

「顕彰碑の本文はあまり読んでもらえないものです。そこで私たちは碑文を全部解釈する作業をしたのです」

渡されたのは『上條蟺司――自由の花を求めて――』という本からの抜粋だった。（註⑪）

それによると上條蒈司は村の小学校で学んだ後、松本の開智学校へ入学した。母親が教育に熱心だったので、開智学校を卒業した翌年に師範学校松本支校に入学している。

「当時としてはエリートコースを歩んだわけです。師範学校を卒業した後、蒈司は教員になりますが、それを辞めて国会開設請願のため上京したのです」

穂高出身の松沢求策と一緒に東京で請願を繰り返し有栖川《ありすがわ》左大臣にも会った。右大臣の岩倉具視にも請願したが、天皇はまだ国会開設を希望していないという「陛下の叡慮《えいりょ》にある」のひと言で阻《はば》まれたという。

「そのまま松本へ帰るに忍びず岩倉具視の親筆をもらって帰ったそうです」（註⑫）

原山さんはそう言いながら本に載っている親筆の写真を見せた。

松沢求策はその後も東京に残って『東洋自由新聞』の発行に関わった。国会開設を要求する運動は全国に広がり、政府は十年後の明治二十三年に国会を開設する布告を出さざるを得なくなった。そして帝国憲法制定の準備を始めた。

浜口雄幸が碑文の揮毫《きごう》をしたのはいつのことか、依頼したのは誰かと、先生が原山さんに質問した。

「浜口首相は昭和五年の軍縮条約に調印した後、右翼に銃撃されました。ですからその前の民政党の総裁だった頃ではないでしょうか。浜口に依頼したのは、上條蒈司に教わった田中文一郎というソ連総領事を務めた人かと考えていました」

田中文一郎は松本中学から東京外語のロシア語科を卒業して外務省に入り外交官になった。

「ですが実際依頼したのは降旗元太郎《ふるはたもとたろう》という松本出身の代議士でした」

「ああ、映画監督の降旗康雄の祖父でしたね」（註⑬）

「ええ、明治二十三年の県会議員選挙で当選すると降旗元太郎はその後衆議院議員になり、普通選挙法案を上程するのです」

自由民権運動から出発した降旗は、中村太八郎や木下尚江とともに松本で普通選挙期成同盟を立ち上げた。普通選挙法案が国会で成立したのは一九二五（大正十四）年三月のことだった。

この碑は財産制限が撤廃《てっぱい》されて初めて普通選挙が実施された年に村民の力で建立された。一九二八（昭和三）年のことで、建設予算は二千円だった。現在の建設費に換算すると一千万円以上になるという。

浅井先生は千恵たちを碑文の前に立たせて写真を撮った。それから原山さんの持っている本を指差して、

「その本にも書いてありますが、上條螘司の生家が木曽騒動の集団に襲われたというのは驚きでした」と言った。

この後で訪問する永田本家も中村太八郎の生家も被害にあった。原山さんはまだ太八郎の生家を見たことがなかったので今日はよい機会だという。

「窮民《きゅうみん》の訴えを受けた家から、自由民権家や普選運動家が生まれたのですね」

勇一と彦じいさんが山形村の〈ふるさと伝承館〉の前に立っていると、見覚えのある先生の車が近づいてきた。その車の後に軽自動車が続いている。前の車から図書委員の伊藤千恵たちが降りてくると、後ろの車からもう一人の男性が降りてきた。

彦じいさんは、原山さんが永田廣志研究会発足の講演会で司会をしたことがあったので、すでに原山さんを知っていた。

勇一が〈ふるさと伝承館〉の玄関を開けようとすると彦じいさんが「外の記念碑を先に見てもらおう」と言った。

〈ふるさと伝承館〉は昔の山形村役場の建物だった。その正面玄関の右側の庭に幾つもの記念碑があった。

「村の人でもこの記念碑を丁寧に見る人は少ないです。私も先日ここを見て驚いたのです」

彦じいさんの後を付いて敷地に入ると、前列に在郷軍人会が建てた忠魂碑や軍馬の慰霊碑が並んでいた。奥の列には大東亜戦争と日露戦争の慰霊碑がある。

「忠魂碑の揮毫《きごう》は寺内正毅《まさたけ》です。すごいなあ、二〇三高地で戦死した人の名前も刻んであるよ」

（註⑭）そう言って浅井先生が生徒たちを呼んだ。碑を見て行くと〈海外引揚《ひきあげ》同胞之碑〉がある。

「山形村からは満蒙開拓に参加した人が多いんだね」

「ここには戦争の証拠が揃っている。その慰霊碑がこんな狭い庭に押し合って並んでいるのは戦

「ふるさと伝承館」の永田廣志コーナー

死者に気の毒だな」

皆は同じ印象を抱いて慰霊碑の見学を終え、続いて〈ふるさと伝承館〉の中に入った。一階は石器時代や縄文時代の出土品の展示だった。たくさんの石器や土器に混じって大型のヒスイがガラスケースに入っていた。これだけの大きさのヒスイの勾玉《まがたま》は珍しいそうだ。

ギシギシ音がする階段を上って二階の展示室に出た。そこに太八郎の経歴や生家の写真が展示され、もう一面の掲示コーナーには永田廣志が論文を発表した雑誌などが並べられていた。

「珍しいね。永田廣志の結婚当時の写真ですよ」と先生が言ったのを聞いて伊藤千恵が写真を覗《のぞ》き込んだ。着物姿の小澤喜美子と永田廣志が写っている。喜美子が松本高等女学校の時の写真もあった。

「でも再婚した奥さんのことが何も書いてないわ。

永田廣志の哲学研究に献身した方ですよ」

千恵の不満そうな声を聞いて原山さんが、

「再婚した北川ゆりさんのことは『無宗教葬』という小説によく書かれていますよ」と答えた。

「永田廣志のお葬式で歌われた歌を祖父が作曲したと聞いたことがあります」

「〈無宗教葬〉で歌われた歌ですね。その楽譜が今もあるかご存知ですか」

原山さんが熱の篭った声をあげると、千恵は首を横に振って「今度会ったら聞いておきます」と答えた。

「これが『中村太八郎伝』に載っている文章です」

浅井先生がそう言ってコピーした資料を配った。（註⑮）

「当時はまだ小作人たちが土下座して太八郎を迎えたそうですよ」

資料には次のように書かれていた。

〈同じ人間に生まれながら小作人ほど哀れなものはない。いくら働いても頭が上がらない人々のために、将来大いに尽さねばならぬ〉

この言葉を胸に刻んだ太八郎の伝記の著者は、

〈太八郎氏が後年「貧者、弱者、労働者、小作人および婦人の生活向上」のために尽力し、普通選挙と土地国有論とを理想とし、この実現のために生涯をささげるに至ったのも一つの動機は幼年の時の深い感銘と決心に由って来るのである〉と綴《つづ》った。

〈ふるさと伝承館〉を出て村の中をしばらく走ると、大きな本棟造りの家の前に着いた。そこが中村太八郎の生家だった。

彦じいさんが声をかけると奥から年配の男性が出てきた。男性は自分が中村家の家系に繋がる者だと自己紹介をしてから説明を始めた。

「中村家は江戸時代からの名主《なぬし》でした。苗字帯刀をゆるされた土地の郷士《ごうし》で、太八郎の祖父は孫のために学者を家に招いたりしていました」（註⑯）

太八郎は明治元年にこの家で生まれたが、祖父と父が早く死去したので十三歳で戸主《こしゅ》になった。その時から正義感をもって小作人の姿を目にし、やがて〈土地国有化論〉を理想と考えるようになった。

「向学心の強い太八郎は十六歳の時に東京へ出て芝愛宕《しばあたご》にあった岡塾で漢学を勉強しました。この塾で片山潜《せん》と出会っています。片山潜とは後に普選運動で親交を交わしたそうです」（註⑰）

老人はそう言って黒ずんだ太い柱を指差した。

三

廣志が木下先輩の家を訪問してしばらく後に総選挙が行われた。この選挙で民政党の若槻内閣が大敗すると政友会の犬養毅《つよし》が組閣した。犬養は若槻内閣よりも満州問題には積極的だった。その犬養内閣の下で一九三二（昭和七）年三月一日、「満州国」の建国が宣言された。少し前の二月に中国が満州事変と日本の侵略を国際連盟に提訴《ていそ》すると、国際連盟からリットン卿を中心とする調査団が派遣《はけん》されたばかりだった。

「蔣介石の提訴《ていそ》を日本は無視するのか」

「すでに滅んだ清王朝の愛新覚羅溥儀を執政にして『満州国』を自由に支配するんだろう」

政府は世界各国に「満州国」の承認を求める活動を開始した。しかし強硬派はそれでは満足できず、一九三二年五月十五日の日曜日、海軍将校たちに総理大臣官邸や政友会本部を襲撃《しゅうげき》させた。計画では、警視庁や変電所も襲撃して東京を暗黒化し戒厳令《かいげんれい》を施行させ、軍閥《ぐんばつ》内閣を樹立し国家改造をするつもりだった。日本の政党政治はこの五・一五事件で終止符が打たれた。

軍閥内閣の樹立は失敗したが、政府方針に批判的な動きには容赦《ようしゃ》ない弾圧が加えられた。まず日本プロレタリア文化連盟（コップ）が弾圧された。この時廣志は戸坂潤《じゅん》や岡邦雄たちと共に検挙された。

廣志にとってこれは二度目の検挙で、二十九日間の留置《りゅうち》を受けた。初めての検挙は昭和六（一九三二）年十月で、ゆりと結婚してから六日目のことだった。あれから一年が過ぎようとしている。

ゆりは廣志を待つ間に、一度目の検挙前後のさまざまなことを思い出した。

「僕の仕事や生き方を理解してくれますか」と聞いた廣志が持っていた台所用品は、缶切り《かんき》ひとつだった。

翻訳と運動理論を打ちたてることに没頭していた廣志に、

「哲学という世界には付いて行けないかもしれませんが」と答えたゆりは、すぐに「でも一生懸命勉強する貴方を応援することが私の仕事だと思います」と言い足した。

この若い哲学者は生まれた時そのままの表情で「自分は食い道楽だ」と言ったし「お金があれば全部本に使ってしまう」とも言った。ゆりは頷《うなず》きながらこう質問した。

「美味しいものが好きなことは結構ですが、台所用品が缶切りしかないというのは矛盾《むじゅん》ではないでしょうか」

「いやー、僕は缶詰《かんづめ》を優秀な食糧だと考えています。何しろ製造した日から食べるまで、外気に触れることがないでしょう。それに缶切りで開けてすぐ食べれば、バイキンにやられることもありません」

廣志がちょっと照れながらそう答えると、ゆりはこう言った。

「私のタイプライターは稼《かせ》いでくれますが、貴方にとって缶切りは命をつなぐ大切な道具でしたね」

そんな会話も一年前のことだった。ゆりは哲学を専門にする廣志がもっと厳格《げんかく》な人だろうと想像していた。しかしそうではなく、その人は野原で蝶《ちょう》やトンボを追いかけている少年のような純粋さとひたむきさに溢《あふ》れていた。

廣志はゆりが作る料理を喜んで食べた。胃腸が弱い体質も改善されて体重もふえたので、田舎から上京した廣志の母親を喜ばせた。

廣志は目が覚めている時には積み上げた本を前にして論文を書いている。警察に検挙された初めの頃、ゆりは警察の留置場という場所に恐怖を感じたが、廣志はあっさりと検挙に応じた。

調べが済んで家に帰ると、直ぐに読書と思索に没頭していた。ゆりが後ろ手でエプロンの紐《ひも》を結ぶのを見たりすると、

「君も手が後ろに回ったな」などと言って笑わせた。そうかと思うと真剣な表情で、

「世間では哲学を難しい学問だと考えているが、実は哲学ほど分かり易《やす》い学問はないんだ」と言ったりした。

「だって人間や自然界をあるがままに捕らえようとするのが唯物論の考え方だからね。最近のように日本は神代《かみよ》の昔に建国されたとか、それを立証しようと考えるから学問が難解になるのだ」

廣志が解説してくれるのでゆりにも世の中の動きが理解できるようになった。

「野呂英太郎が始めた『日本資本主義発達史講座』は岩波書店が始めた講座だから、誰でもその研究書を購入して読むことができる」（註⑱）

その講座によると〈少し景気が良くなったが、これは戦争による特需《とくじゅ》で本当の回復ではない〉という。

「日本は中国でアヘンまで使っているが、リットン調査団はこうした事実を掴《つか》んでいるだろうか」

廣志は調査団の報告書がどのように書かれているかを気にした。報告書には「満州国」を正当な国家として認めず、列強の共同管理下に置くようにと書かれていた。だが、日本がこの提案を認めるはずはなかった。

翌年の二月、国際連盟の総会でこの報告が賛成四十二、反対一で採決されると、翌月に日本は国際連盟を脱退した。同じ年の十月、ナチスドイツも国際連盟を脱退し、孤立した日本ファシズムはますますエスカレートした。

四

勇一たち一行は永田廣志の育った家の前を通り、清水寺へ向かっていた。左右にカーブする林道を二十分ほど登ると展望台が見えてきた。これは京都の清水寺の舞台を真似《まね》て造ったという。

その前で全員車から降りた。展望台に立つと眼下に航空写真のような風景が広がっている。手前に山形村の役場や小学校が見え、遠くに視線をやると松本平が眺められた。東山の美ヶ原の稜線《りょうせん》を辿《たど》って南に目を移したあたりが塩尻峠だ。その峠の向うに諏訪湖がある。

展望台を下りて落ち葉を踏みしめながら山道を少し歩くと石段がある。石段の途中にある仁王門の前で彦じいさんが腰を伸ばして説明を始めた。

「この寺は坂上田村麻呂が東北平定の際に参詣《さんけい》して祈願したら霊験《れいげん》あらたかであったそうです。それで田村麻呂は京都へ帰ってから東山に清水寺を建立したと伝えられています」（註⑲）

仁王門の両側にある石の像は風化して顔の表情が分からない。この仁王像はこの地域では最古格の像で、平安時代よりも古い時代の作だという。仁王像の風格は中国の漢の造形に通じると専門家が解説している、と彦じいさんが説明した。

百体もあるという石仏が続く坂道を上り切ると平らな場所に出た。正面に本堂が見え、右手に庫裏《くり》の跡を村の集会場に改善した建物が見える。今は住職がいなくて募集に応じた管理人がいるそうだ。本堂の左側に胸像があった。山形村出身で法務大臣を務めた唐沢俊樹の胸像だという。

本堂の横を回って林の中の坂道を一列になって上って行くと大きな自然石があった。石の中央に納められているレリーフが中村太八郎だ。その横に短歌が刻まれていた。

秋晴れの高き空にも似たりける
君を思うて涙こぼるる

「木下尚江が詠んだものです」

彦じいさんに言われて伊藤千恵たちは顕彰碑の後ろに回って説明文を読んだ。短歌の文字は平野義太郎《よしたろう》による。

「中村太八郎と木下尚江の関係は分かりますが、平野義太郎とはどういう関係になるのですか」

浅井先生が原山さんに向かって聞いた。

「中村太八郎の奥様はフランス人ですね。平野義太郎の祖父は造船所を創設した有力者で、造船の指導者として日本に招聘《しょうへい》されたフランス人と義太郎の祖父は親しかったそうです。太八郎は平野家へ出入りしていた縁でそのフランス人の娘さんと結婚したと聞いています」（註⑳）

「そういうことでしたか。義太郎は小さい頃から中村太八郎の感化を受けたのですね」

先生はそう言ってから年賦を見た。中村太八郎は昭和十（一九三五）年に六十八歳で永眠したと刻まれている。

「この年に『天皇機関説問題』が起きました。日本が中国大陸へ侵略していく最中です」

美濃部達吉博士の「天皇機関説」そのものは天皇制を否定する学説ではない。だが右翼の要求は〈天皇を国家の元首とする〉という解釈では満足しなくなっていた。

先生の説明に原山さんが加えて言った。

「永田廣志の時代をもっと知るには〈歴史の里〉へ行ってみるといいですよ」

〈歴史の里〉には復元された木下尚江の生家や日本と「満州国」の関係資料が沢山あるという。

【註】

① 一九〇三（明治三十六）年、日蓮宗信者の田中智学が世界統一の原理として造語したもの。

② 社会運動家で作家。筆名としてタカクラテルとも書く。

③ 日清戦争の後、清朝政府は改革の必要性を感じて国会開設などを公約したが、有力な軍閥や独立を宣言した革命政府の流れを止めることはできなかった。

孫文は清王朝を倒すにあたり、三民主義〈民族の独立、民権の伸長、民生の安定〉を掲げた。

④ 蔣介石は孫文と出会い国共合作で中国革命に参加するが、後に共産党と対立し〈売国軍閥打倒と人民の統一〉と言いながら共産党との提携を崩壊させた。

⑤ 一九三六年に発行した『日本唯物論史』には「僧侶を民間の生活者に戻したこと（還俗《げんぞく》）」や「寺の釣鐘が鉄砲の弾にされたこと」などが詳しく述べられる。

⑥ 〈終わりなき世のめでたさを門松立てて門《かど》ごとに祝う今日こそ楽しけれ〉と続く。

⑦ 木下尚江が代言人（現在の弁護士）試験に合格したのは明治二十六年、二十四歳であった。後に大逆事件のことを聞かれた木下尚江は「あれは睦仁（天皇）が自分で自分の顔に泥をぬったようなものだ」と答えている。

⑧ 足尾鉱毒事件で田中正造と出会った木下尚江は同調者と共に足尾銅山の鉱毒実態調査を行っている。その頃の日本は二十億円に近い戦費をイギリスとアメリカの外債に頼っていた。

⑨　一九三二年三月、滅亡した清朝の宣統帝溥儀を執政にした「満州国」が樹立された。
⑩　自由民権運動家の上條螘司を顕彰する会。昭和三年四月発足。碑文を書いた浅井は自由民権運動家であり県歌「信濃の国」の作詞者として知られている。
⑪　一九九六年二月二十五日、上條螘司刊行会の発行。
⑫　岩倉具視の自筆として伝わる文書で〈立法ニ関スル事件ハ請願スベキモノニ非ズ〉と書き出し、〈元老院へ建白スベシ〉と結ばれている。
⑬　降旗元太郎《ふるはたもとたろう》の息子の徳弥も政治家で逓信《ていしん》大臣を務めた後、松本市長を務めた。孫の康雄は映画監督になり『鉄道員《ぽっぽや》』『ホタル』などの代表作品がある。
⑭　旅順要塞の二〇三高地で激戦が行われ、日本は五万九千人もの戦死者を出した。与謝野晶子は旅順に出陣している弟を思って「君死にたもうことなかれ」という詩を書いた。山形村の碑文にはその戦死者の名前が刻まれている。
⑮　この本の正式なタイトルは『普選・土地国有論の父　中村太八郎伝』である。平野義太郎が編集し、桜井武雄が主な部分を書いた。
⑯　中村家は山方《やまがた》三ヶ村の近郷の総代を務めた。代々学問を好み、木曽福島の代官所の教授を務めた武居用拙《ようせつ》などを招き講義を聴いた。
⑰　片山潜は「自伝」にこう書いている。「当時の教育はすべて西洋風の英語が最も盛んであった。しかるに官学校（陸海軍兵学校、法律学校）へ入学するには漢学の必要があった」

⑱ 一九三二年の五月に始まった〈日本資本主義発達史講座〉は翌年八月に中断された。この年の二月には小林多喜二が検挙、虐殺され、十一月には野呂栄太郎も検挙された。

⑲ 似た伝説は全国各地にあるが、山形村の清水寺は現在も京都の清水寺と縁が続いている。昭和二十年に京都清水寺の貫主《かんす》であった大西良慶さんが山形村の招きで清水寺の千手観音の鑑定に訪問した。その時に接待に出た杉浦住職の娘真澄さんは大西良慶貫主に求婚され、翌年結婚した。大西貫主は七十歳、真澄さん二十一歳。二人の間に三年後、長男が誕生した。

⑳ 造船の指導者として日本に招かれたエドワード・キルビーというフランス人が平野家と親しくしていた。同じ頃、平野家へ出入りしていた中村太八郎がその大らかな性格が気に入られてキルビーの娘メリと結婚した。

第八章　戦争と哲学

一

廣志が参加していたプロレタリア科学研究所をもっと多くの研究者が結集できる組織にしようという取り組みが続いていた。自然科学や社会科学、そして哲学の分野で唯物論を研究し広めようという目的で唯物論研究会が創立されたのは一九三二（昭和七）年だった。

一九三五（昭和十）年二月、国会で美濃部達吉博士の〈天皇機関説〉が問題視されたのは、軍部や右翼思想家たちが帝国憲法の〈天皇を国家の元首とする〉という解釈をもっと神聖なものにしなくては満足できなくなったからだ。

唯物論研究会では廣志が二年前に翻訳した『科学と宗教』と『宗教の起源』について論議していた。そこで「西田哲学が思想界に与える影響を明確にすべきだ」という意見が持ち上がった。「我が国の思想界を統一するという西田幾多郎《きたろう》の主張は美濃部博士の〈天皇機関説〉批判と根元が共通だからね」

廣志は宗教に関する著作の後で「西田・田辺氏と唯物論」という論文を書いた。西田の『善の研究』が出版されたのは一九一一（明治四十四）年のことで廣志が山形村の小学校へ入学した翌年だ。それほど以前から広い読者を持っていることに驚いた。（註①）

東京帝国大学の哲学科を卒業した西田幾多郎は故郷の金沢第四高等学校の講師となった後、三十九歳の時に京都帝国大学助教授となった。〈禅の研究〉の大家だった鈴木大拙《だいせつ》とも親しかった西田は、寺に参禅《さんぜん》して思索《しさく》を深めたという。

「あまりに露骨な軍国主義は知識人に敬遠されます。だが西田博士は唯物論も勉強したので考え方に奥深いものがありました。そういうところから、彼の『場所の論理』という考え方が知識人に浸透しているのです」

一九二七（昭和二）年に刊行した西田の『働くものから見るものへ』にその考えが打ち出されていた。

「あの論文では西欧の論理が日本と根本的に異なることが強調されました。西欧人の論理が自己から発しているのに対して日本人は〈その場の空気を大切にする〉と定義しています」

西欧文法は主語が中心で〈私が存在する、私は実体である〉という考え方をする。だが日本語は述語中心であり主語を省いても通用する。

「この日本人の〈その場を大切にする考え方〉を西田は〈場所的論理〉と呼んだのです。西田哲

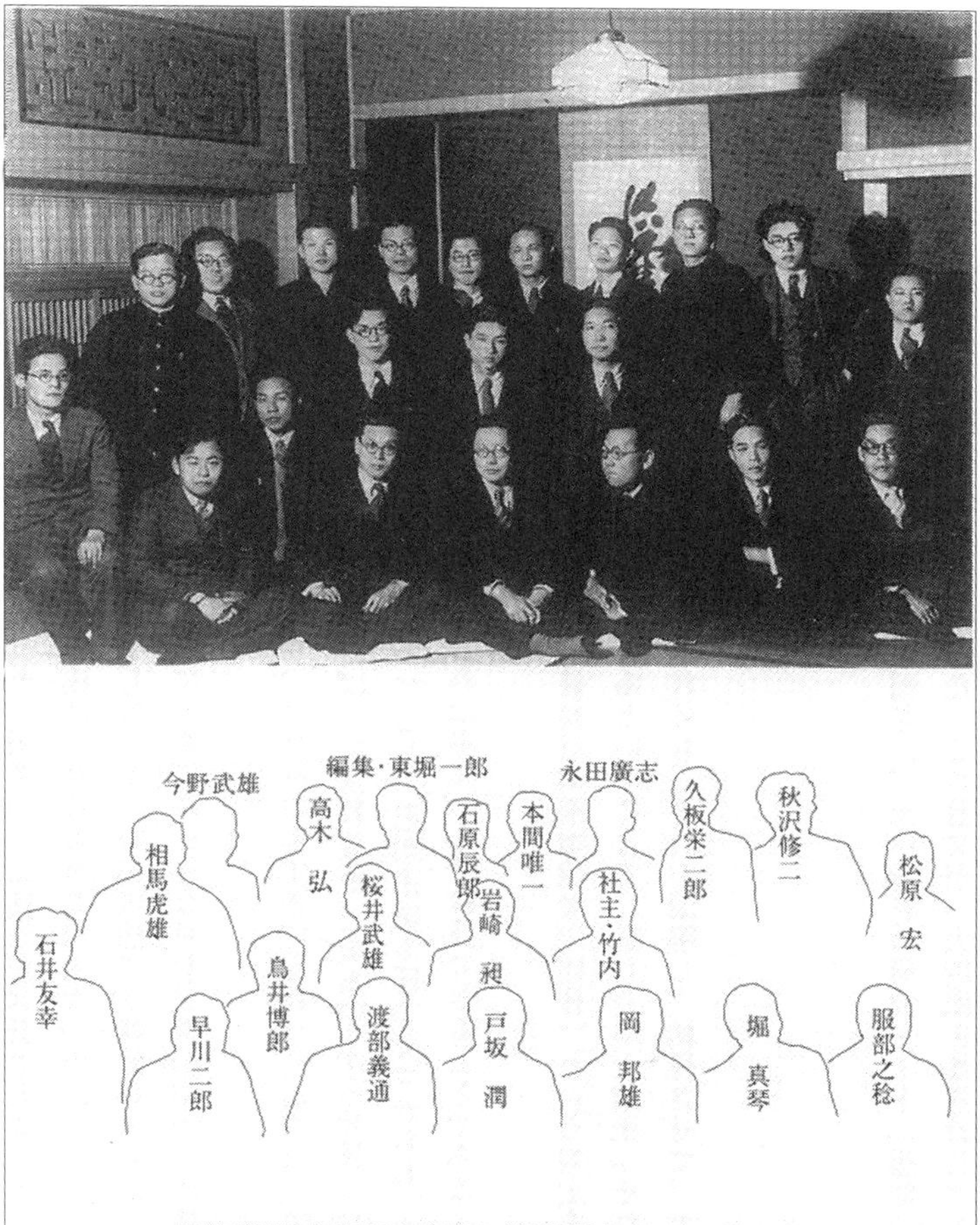

三笠書房『唯物論全書』執筆者会合の記念写真
(写真提供：太田義一氏〈山形村史談会会報『郷土』編集責任者〉 一緒に写っている人物の氏名は、『郷土』106号掲載の本村四郎氏の記事をもとに、永沼孝致が独自の調査を行い特定したものである。撮影は1936年、場所は五反田袖ヶ崎の相馬邸だと推定される)

永田廣志と唯研の仲間

学は〈物はすべて公の物であり、事はすべて公の事である〉という自己滅却《めっきゃく》の論理を歴史神話に結び付けようとしているのです」（註②）

西田哲学を支持する軍人も多いので、批判するには細心の注意を払わなくてはならない。そこで廣志は君島愼一というペンネームを使った。若い研究者が廣志に質問した。

「確かに日本人は周りを無視して自己主張することは少ないですね。周りがどう思うかを考え、その場の空気を読んで行動します。このことを肯定すれば、世の中の現象《げんしょう》に異議を唱《とな》えないことになります。我々の世界観と正反対ではありませんか」

「なるほど、そのとおりだ」と何人かの参加者が頷《うなず》くと、若い研究員は質問を続けた。

「仲間の戸坂潤さんは西田哲学から出発したのではないですか」

戸坂潤はもともと物理学専攻だった。一九三二年に設立された唯物論研究会の創立者の一人で、大谷大学や法政大学で教鞭を取ったが、昨年の八月に思想不穏《ふおん》の理由で解雇《かいこ》された。

「戸坂潤は西田幾多郎の下で哲学を学んだが、西田哲学を批判するようになりました。彼の科学的精神がそうさせたのでしょう」

廣志がそう説明すると若い研究者は、

「分かりました。では西田哲学と〈天皇機関説〉批判は根元が共通だという根拠をもう少し説明してください」と言い足した。

「天皇機関説は〈天皇が国家を代表して国家の一切の権利と行為を統括《とうかつ》する〉ことを明確にして

いる学説です。〈天皇機関説〉が帝国憲法の下で制約を持ちながら〈国家それ自身が一つの生命であり、それ自身に目的を有する恒久的《こうきゅうてき》な団体である。法律学上の言葉でいえば一つの法人という観念であり、天皇はこの法人である国家の元首の位置にある〉と理路整然としています」

その頃すでに日本国内だけでなく海外でも〈天皇機関説〉を講義することが禁じられ始め、朝鮮や台湾の学校で〈天皇機関説〉を唱える教師を洗い出していた。（註③）

「これは『世界は一つの屋根の下で平和に暮らす』という〈八紘一宇〉と天地創造の神話を信じさせるためです。ここで西田哲学が〈天皇機関説〉批判に繋《つな》がっていくのです」

若い研究者はそれを聞いて、

「小林多喜二が拷問《ごうもん》を受けて死去したのも、野呂さんが警察で拷問を受けたのもこの神話を受け入れようとしなかったからですね」と納得した。（註④）

「美濃部博士が不敬罪《ふけいざい》で告発され、貴族院議員や教授を辞職して名誉を奪われたことを、僕は自分のことのように息苦しく感じるのです」

美濃部博士は内務省警保局長だった唐沢俊樹（註⑤）によって検事局の取調べを受けた。しかしそれだけに終わらず暴漢に銃撃され重傷を負った。

廣志の研究生活は最も充実してきて、一九三五（昭和十）年に刊行された『唯物論全書』シリーズに『現代唯物論』と『日本哲学史』が選ばれた。私生活も長男・英夫の誕生から二年経て長女・則子が生まれ賑やかになった。妻が仕事に出ている間の子守は廣志の仕事だった。則子をあぐらの膝《ひざ》の間に入れ、廣志は原稿を書いたり来客の応対をしたりしていた。

＊　＊

だが国会で「国体明徴《めいちょう》」が決議されると、世の中の酸欠《さんけつ》状態はますます進んだ。〈皇道は世界的とならなければならない〉という主張と西田哲学の〈皇室を中心として自己同一《じこどういつ》を保ってきたところに日本精神というものがあった〉とが結び付いて政府と軍の方針を推進していった。（註⑥）

一九三六（昭和十一）年二月二十六日、この理念を象徴《しょうちょう》する事件が起きた。東京でも珍しいほどの雪が積もった朝、急進的な青年将校たちが高橋是清《これきよ》蔵相や斎藤実《みのる》内大臣らを殺害し、永田町一帯を占拠した。この急進グループは国家改造の軍事政権を打ちたてようとしたが、反乱軍と見なされ三日後に陸軍当局によって鎮圧《ちんあつ》された。

この二・二六事件の後、思想統制はいっそう激しくなった。三月初めにソ連大使館で「共産主義グループ」の一斉検挙《いっせいけんきょ》があった。この時、ロシア語の翻訳員として勤務していた永田廣志の先輩の河野重弘が検挙された。

こうした思想統制は、その年の七月のコム・アカデミー事件にまで発展し、野呂栄太郎が始めた日本資本主義発達史講座に関係があった執筆者や研究者と共に、講師として参加していた永田廣志も検挙された。

翌年の三月に起訴猶予《きそゆうよ》処分になるまで留置され、廣志は持病だった腸結核を悪化させた。研究者としては最も充実してきた時期であり、「廃仏毀釈《はいぶつきしゃく》の歴史的意義」という評論を書き、その集大成となった『日本唯物論史』は永田廣志の名前を哲学史に刻んだ。（註⑦）

しかし、拘留生活で傷めつけられた廣志の身体が周囲の人たちには心配だった。妻のゆりとの結婚を取り持ってくれた研究者仲間の岡邦雄が、

「戦いは長く続くのだ。君の仕事はますます重要になるのだから田舎へ帰って静養する方がいい」

と熱心に勧めてくれた。

その言葉に従って廣志は久し振りに山形村へ帰った。故郷の自然に抱かれて静養しながら研究ができた。

桜井武雄が山形村に廣志を訪ねてきたのは翌年の春だった。桜井は一緒に唯物論研究会で活動している仲間である。松本駅まで廣志が出迎えに出ると「体調は良いかね」と聞いてから、「思想書の出版は目をつけられるから中村太八郎の自伝を出版しようということになってね」と言った。

中村太八郎が死んで二年が過ぎようとしている。太八郎と親交のあった平野義太郎から桜井は

廣志に案内を頼めと勧められたのだ。駅前で食事をしながら、

「東京では国体観念を徹底させる動きが活発になっているね。それに政府と拓務省《たくむしょう》が満蒙開拓を奨励するようになってから、集団で満州移住が始まっているではないか」（註⑧）

廣志はそう言った。長野県では学校の先生が「満州へ行けば十町歩の土地が手に入る」と生徒に勧めている。村の半分が集団で移住してきたところには〈信濃〇〇村〉というような分村を作っていた。

二人はバスに乗り中村太八郎の故郷へ向かった。山形村は背後に山があって目の前に松本平が開けている。

永田家は廣志の父母と兄の平《たいら》夫妻が家を守っていた。弟の泰三は満州へ行くと言っていたが、廣志に満州は危険だと忠告されブラジルへ渡った。

蚕を飼う大きな農家には広い部屋が幾つもあった。その一つが廣志の仕事部屋になっている。

夕食の後、桜井は畳の上に寝転んで部屋の隅《すみ》に積んであった古い新聞を取り出した。

桜井は少し古い〈盧溝橋事件《ろこうきょう》〉の記事を読んだ。七月に中国の盧溝橋で起きた事件は関東軍と中国との全面戦争に発展していた。続いて手にした三月に行われた講演会の記事を見て、

「〈金璧輝《きんぺっき》将軍の講演に幾百千人〉――これは何だい」と聞いた。

「金璧輝というのは、清王朝の粛親王《しゅくしんのう》の娘だ。愛親覚羅《あいしんかくら》（満州の王朝名）を継承している父親の粛親王が松本出身の川島浪速《なにわ》という男に助けられたそうだ。それでのちに川島が養女にした金璧

輝を、芳子《よしこ》と名付けて育てたのさ。男装して活動しているから講演会だと人が集まるのだ」

「ああ、男装《だんそう》の麗人《れいじん》なんて呼ばれる女性は松本の女学校を卒業したのか。ほう、すごいことを言っているぞ。武士の情をもって指導してこそ初めて真の日支親善が可能になる、か」

桜井は紙面から目を離して大きな息を吐いた。そこには川島芳子の言葉として、〈萬世一系《ばんせいいっけい》の天皇陛下のご威光《いこう》を知らせ、東洋のリーダーでなくてはならぬ日本人があちら へ渡れば非日本的な日本人に豹変《ひょうへん》して支邦人《しな》をして恐れしめているのです〉と書かれていた。（註⑨）

「川島芳子は清王朝の子孫でありながら日本人になれるのだろうか」

「皇道精神が川島芳子をそこまで追い込んだのさ。君が言ったとおり思想書の出版は目をつけられるから、僕も数学など自然科学の研究を始めている」

二人の会話は夜遅くまで続いた。

廣志の山形村での静養は大いに成果があった。『日本唯物論史』に続いて「徳川期思想史の特質について」で思索を深め『日本哲学史』を完成させたのは一九三七（昭和十二）年七月だった。翌年の四月に『日本封建制イデオロギー』の初版を出版し、七月には『日本哲学思想史』を出版した。『日本封建制イデオロギー』が再販されるなど好評を博し、哲学書がこれほど読まれるのは画期的《かっきてき》なことであった。

二

勇一は原山さんの車に乗せてもらって〈歴史の里〉の駐車場に着いた。〈歴史の里〉というのは、松本城の一角にあった長野地方裁判所松本支庁舎だった建物を、この上高地線大庭駅の近くに移築し、その他の明治時代からの歴史遺産を集めた施設だった。

しばらく待っていると顧問の浅井先生の車が着いた。伊藤千恵と図書委員たちが降りてきて、先月の山形村の歴史探訪で顔なじみになった原山さんとあいさつをした。

浅井先生の後を付いて行くと復元された木下尚江の生家があった。その生家は中村太八郎や永田廣志の生家と比べるといかにも小さかった。しかし展示されている資料は〈ふるさと伝承館〉よりはるかに多く詳しいものだった。

木下尚江の年譜《ねんぷ》を丁寧に読むと新しく気付くことがある。木下尚江は中村太八郎が逝去した二年後の昭和十二年、六十八歳で永眠した。松本市の城山に木下尚江の顕彰碑《けんしょうひ》があると先生が教えてくれた。（註⑩）

次に司法博物館へ移った。中へ入ると廊下の両側に幾つも部屋があった。その一つの部屋に人形を使って裁判の場面が再現されていた。先生が指差して、

「裁判官が座っている上の段に検察官がいる。ところが弁護士は被告人と同じ床に立っているよ。

弁護士は検察官より低い位置に置かれていたんだね」と言った。

木下尚江は帝国憲法の下での司法の身分差別を感じたことだろう。それを撤廃しようとした気持ちが理解できる。

司法博物館を通り抜けると独房《どくぼう》が復元されていた。その横にある屋根に石を載せた板葺《いたぶ》きの建物は工女たちの泊まった宿だという。『あゝ野麦峠』という映画のロケに使われた〈宝来屋《ほうらいや》〉を復元してここへ移したのだ。中に入ってみると、薄暗い板の間に囲炉裏《いろり》があった。信州の製糸工場へ出稼《でかせ》ぎに来た工女たちがこの囲炉裏の周りで眠ったというが、勇一は映画『あゝ野麦峠』を観ていなかったので実感が湧かなかった。

「この少女たちが生産した生糸の輸出は日本の軍備近代化に貢献したのです」

原山さんの説明を聞いてから〈宝来屋〉の隣にある大きな建物に入った。入り口に映画の原作を書いた〈山本茂実《しげみ》コーナー〉があり、続いた部屋に〈川島芳子記念室〉という看板が出ていた。

「川島芳子の実の父親は清王朝の皇族だったのですが、松本出身の川島浪速が芳子を養女にしたのです」

「川島芳子が通ったのは今の蟻ヶ崎高校ですか」

関心を抱いた伊藤千恵が質問した。

「そうです。芳子は高等女学校へ馬で通学したそうです。あそこに写真がありますね」

ガラスケースの中に、馬に乗った写真や軍服を着た芳子の姿があった。〈男装の麗人〉と呼ばれた芳子の生涯を映画や小説で伝えた資料もたくさんあった。

浅井先生が壁に貼ってある年表に目をやって、

「芳子が生まれたのは一九〇七年か。川島浪速の養女として六歳で日本へ来たと書いてありますね」

そう言うと原山さんが、

「すると永田廣志より三歳年下ということになりますね」と応じた。

写真の他に幾つかの掛け軸があった。〈皇道日本〉という川島浪速の書に並んで〈日本人たる前に亜細亜人でなければならぬ〉と力強く書かれた芳子の書がある。

「三百年続いた清王朝が一九一一年の辛亥《しんがい》革命で滅ぶと、日本はそれをチャンスとして〈王道楽土《おうどうらくど》〉のスローガンのもとに『満州国』を建国しました」

さらに先生が「五族協和」によって大東亜共栄圏《だいとうあきょうえいけん》を築こうとしたのだと説明してくれた。「五族」とは日本人、漢人、朝鮮人、満州人、蒙古人を指す。〈日本人たる前に亜細亜人でなければならぬ〉と芳子が力強く書いたのはこのためだ。

満州建国の頃から芳子は日本軍と行動を共にするようになる。大東亜共栄圏の方針と芳子の気持ちがぴたりと重なってしまったのだ。

「大東亜共栄圏というのは西洋のような武による統治ではなく、東洋の徳によるアジア的理想国家を意味していました。しかし『満州国』の実態は日本人による他民族支配だったから、中国では『偽《ぎ》満州国』と呼んでいるのです」

この説明を聞いて勇一にも歴史の背景が理解できてきた。しかし芳子が中国人の戦争犯罪人・スパイとして銃殺刑にされた理由は理解できなかった。

「芳子を養女にしたのに川島浪速が日本国籍を取っていなかったのです。だから川島芳子は中国人として処刑されたのです」

処刑が行われたのは「満州国」が消滅した三年後の一九四八年、芳子は四十一歳だった。一九四八年といえば永田廣志が亡くなった翌年である。川島芳子と永田廣志とはまったく別の世界に生きたが、その生存年はほぼ同時期であった。

原山さんが〈シベリア抑留《よくりゅう》コーナー〉の方へ移動するように皆を促した。

「日本人は一九四一年十二月八日の臨時ニュースを聞いた時に何を考えたでしょうか」

ラジオから〈帝国陸海軍は本八日未明、西太平洋においてアメリカ、イギリスと戦闘状態に入れり〉という大本営発表が伝えられた。

「これを聞いたプロレタリア作家の葉山嘉樹《よしき》は海軍へ協力を申し出る電報を打ったのです。大政翼賛会《たいせいよくさんかい》の文化部長だった岸田国士《くにお》宛てです」

そう言いながら原山さんが取り出した本には〈祖国ノ難関ニ赴キタシ〉という電文が書いてあった。(註⑪)

大政翼賛会とは一九四〇年の十月に第二次近衛文麿《ふみまろ》内閣が創立した組織だった。ファシズムを

推進していた軍に対抗するためだったが、進歩的な学者や良心的な文化人も皆この流れに巻き込まれたという。（註⑫）

葉山嘉樹の本心がどうであったか疑問は残るが、葉山は「満蒙開拓団」に協力し終戦直前に娘さんを連れて開拓団に参加した。敗戦直後日本へ帰る途中で死んだと原山さんが説明した。

一九四四年十一月から日本本土への空爆が盛んになった。日本が占領していたサイパン島が全滅した後、米軍はそこを基地としてB-29の編隊を日本に差し向けた。一〇〇機を超える大編隊が東京を襲ったのは、その年の十一月二十四日である。

「大東亜共栄圏」の妄想《もうそう》は日本人ばかりでなく多くの人々に悲劇をもたらした。敗戦とともにソ連に連行されて強制労働を強いられた姿が〈シベリア抑留コーナー〉に残されている。満州に取り残され飢餓《きが》に苦しむ日本人や、逃げ惑いながら帰国を模索《もさく》する日本人の姿も記録されていた。

三

東京に帰った廣志は一九三八（昭和十三）年の十一月に「唯物論研究会事件」で仲間三十五人とともに検挙された。しばらく後に持病が悪化して釈放されたが、敗戦まで執筆禁止となった。

「戸坂潤がいつ釈放されるか分からないから、君に頑張ってもらいたいよ」

政府の推し進める全体主義的政策に対する痛烈な批判を行っていた戸坂は、一九三七年に執筆禁止、今年になって治安維持法により検挙された。

廣志は期待に応えて古事記などの古典から数学、物理学、ドイツ語、エスペラント語など、さまざまな勉強をした。健康を取り戻すと、廣志はペンネームを使って翻訳活動や自然科学の研究を続けた。

ゆりは廣志の研究を支えることに喜びを感じた。だがそれを妨害するのは度々《たびたび》の特高の検挙だった。特高が踏み込んで来るのは必ず明け方だった。玄関の戸が激しく叩《たた》かれると廣志の顔色がサッと変わったが、留置所では落ち着いていて人望があった。調べが済んで家に帰った廣志のところに、

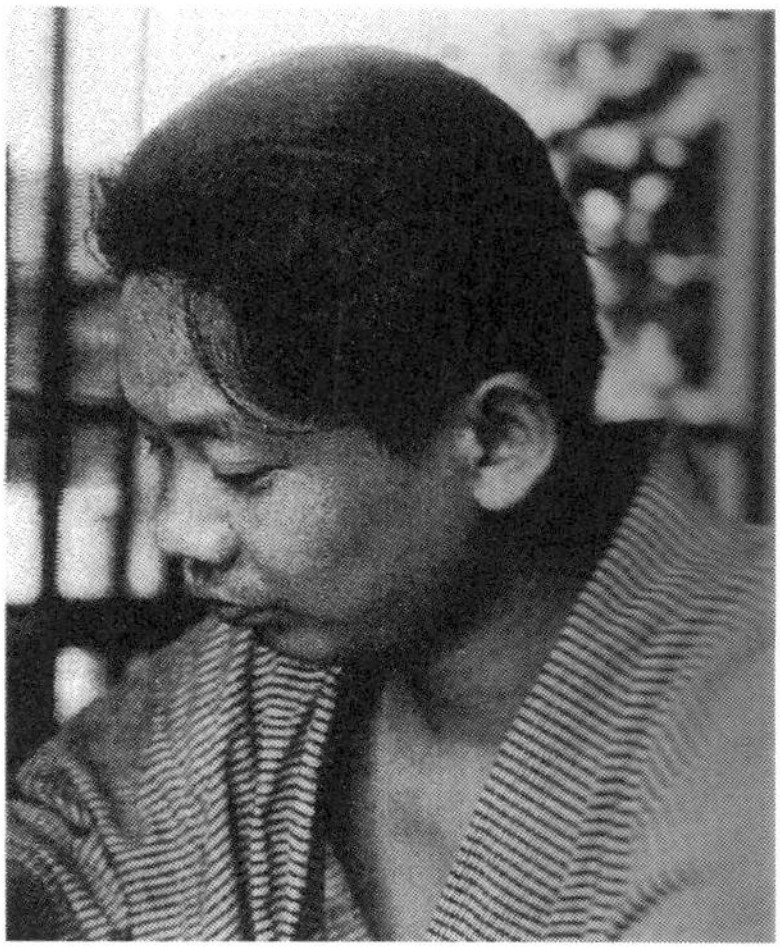
和服の永田廣志

「刑務所では先生にお世話になりました」などと言って訪ねる人もあった。検挙の後、こんな話も伝わっている。

「特高が芥川《あくたがわ》のことを『ごみかわ』と読むので間違いを直したら『あくたもごみも一緒だ』と開き直った」

これが日本の下級官吏《かんり》の教養程度で、廣志は下級官吏が凶暴《きょうぼう》になる理由も知っていた。

廣志は本郷の東大前へよく出掛けた。そこに

は軒並み古本屋があったが、廣志は買ってきた古本はアルコールを滲ませた脱脂綿で拭いてからでないと読む気になれなかった。甘い物が好物だった廣志は、甘味を売る白十字に寄って娘の則子とケーキを食べたりした。

田舎育ちの廣志は湿気の多い東京の夏が大の苦手だった。それで毎年七月になると信州へ帰ることにしていた。

トンネルが多い中央線の列車は車内まで石炭の煙が入ってくる。いつも諏訪で降りて湖畔の宿で休息するのが子どもたちの楽しみだった。諏訪湖へボートを漕《こ》ぎ出す廣志もすっかり童心に返っていた。

松本駅から一時間もバスに揺られて行くと、則子はすっかり乗り物酔いしてしまった。時には上高地線の電車に新村まで乗って行き、そこから山形村まで歩くこともあった。この方が乗り物酔いの苦しさはなかった。

子どもたちにとって父親が論文を書いている間は遊びの時間である。桑畑や小川を散策してセミや沢ガニなどを捕《つか》まえた。父が仕事に疲れて気分転換をする時には裏山の道を上って清水寺まで行ったこともある。そこで食べたキュウリ揉《も》みが美味しくて、野菜嫌いだった則子も喜んで食べた。

しかしこうした楽しみも長くは続かなかった。

一九四一年十二月八日の開戦から「勝利、またも勝利」という大本営発表が続いた。だが決して日本は優勢ではなかったのだ。

一九四二（昭和十七）年に東京が初めて空襲され、軍需《ぐんじゅ》工場が地方都市へ疎開《そかい》を始めた。松本市へは富士電機に続いて石川島芝浦タービンなどが疎開した。

戦線の拡大で兵士が不足してくると、徴兵が猶予《ゆうよ》されていた学生たちにも召集令状が届いた。一九四三（昭和十八）年十月二十一日に神宮外苑《がいえん》で学徒出陣の壮行会《そうこうかい》が行われた。雨の中を行進する学徒たちの姿から、廣志は日本ファシズムの行く末を見たように思った。

予想したとおり二月にガダルカナル島から撤退を開始した日本軍は、翌年八月にはグアム島、テニアン島で全滅した。こうした戦況にありながら、国内の食糧不足を補うために政府はまだ「満州農業移民百万戸移住計画」を強引に進めていた。特に長野県からは、集団移住と「満蒙開拓青少年義勇軍」の参加が目立っていた。

＊　＊

東京に空爆が始まると、廣志は妻を東京に残して子どもたちと郷里へ疎開した。この時、英夫と則子は山形小学校へ転校した。

東京の空爆は多くの人の運命を変えたが戸坂潤もその一人だ。拘留所にも危険が迫ってきたので戸坂潤は長野刑務所に移された。（註⑬）

松本へ疎開してきた人たちの何人かは日本ファシズムの行く末を見抜いていた。陸軍航空技術研究所でジェットエンジンの開発に携《たずさ》わっていた松本出身の伊藤正一もそういう一人だった。（註⑭）

アメリカやイギリスの科学技術や武器の性能が日本より格段に優れていることを知っていた伊藤正一は、およその戦争終結を見通していた。八月六日と九日に広島・長崎に投下された新型爆弾がこれまでと全く違うことから〈核爆発〉を利用した爆弾であることも推測できた。

八月十五日に重大放送があると聞いた時にも、伊藤は日本の敗戦が予想できた。しかし日本の敗戦をどう受け止めたらいいか分からず、虚脱状態になった人がいたのも事実だった。

それまで信じていたものが崩れ去った若者は、その空白を満たす思想をむさぼるように求めていた。そんな若者が永田廣志の哲学書に出会い、それを毎日持ち歩いて、その中から日本の将来の姿を読み取っていた。戸坂潤もそういう哲学者になるはずであったが、八月九日に長野刑務所で獄死《ごくし》したことが後で分かった。

山形村へ疎開した廣志は、松本市内に貸家を探すため松本中学の同級生だった小岩井源一と連絡を取った。そして松本市内へ家を借りて分銅町《ぶんどうちょう》の家で終戦を迎え、活動を活発化させた。長野方面に出掛けた時に土産に買った小布施《おぶせ》の栗ようかんが家族に歓迎された。廣志も甘味が不足してくると「小布施の栗ようかんが食べたい」と時々言うのを子どもたちは聞いた。

東京で進歩的な社会科学者や自然科学者が集まって民主主義科学者協会「民科」の全国組織を

発足させたのは敗戦の翌年一月だった。本部の幹事になった廣志は松本市内を拠点に、社会科学の学習会などで講師を務めていた。

東京に出た伊藤正一が神田にある「民科」の事務所を訪ねると松本中学の先輩がいて、「永田廣志はいま健康を害して松本にいるが、彼と友人の小岩井源一と連絡を取ってください」と言われた。

小岩井源一

小岩井源一は浅間温泉の旅館の主人で、本郷村の村長をしている。詩人であり筆名を高橋玄一郎という――。伊藤が持っていた知識はそれ位だったが松本へ帰るとまず浅間温泉の香蘭荘《こうらんそう》を訪問した。香蘭荘は小岩井源一が経営する旅館である。小岩井源一とは初対面だったが話が進んで、翌日二人は永田廣志の家を訪問した。

四

日本史の授業の後、伊藤千恵が勇一に向かってカラー表紙のパンフレットを渡して寄越した。

「ななかまど」というタイトルの下に〈三俣山荘便り《みつまた》〉と印刷してあった。（註⑮）

「なに、これ」といいながらパンフレットのページをめくってみると山のカラー写真が続き、その後に対談も載っている。

「ああ、そのページよ。後で読んでね」

千恵が指差したのは「邂逅《かいこう》の人と山」というタイトルのページだった。その文章の真ん中に見覚えのある廣志の生家の写真と、隣に浴衣《ゆかた》姿の廣志の写真が載っていた。

「永田廣志と民科松本支部を結成したという千恵のお祖父《じい》さんだな」

「そうよ。祖父（伊藤正一）が永田廣志とどういう関係にあったか分かるから読んでおいてよ」

勇一は放課後までにざっと目を通した。それから図書館へ行くと伊藤千恵が待っていて、

「終戦になったからエンジンの研究もできないから、祖父は民科の仕事の方がやり甲斐がありそうだと考えたのよ」と言った。

民科松本支部の結成は思ったより単純だったようだ。

「責任者は高橋玄一郎というか小岩井源一さん、祖父が事務局長をやることが決まった。事務所

は祖父の家だったのよ」

　そこまで話したところへ浅井先生が来て、

「これを読んでみるかい」と聞いて、それから『高橋玄一郎全集』という黒い表紙の本を開いて机の上に置いた。そこには「無宗教葬」という小説が載っている。（註⑯）

　先生が栞《しおり》を挟んだページを開くと〈日本の唯物論哲学の立ち遅れを克服せねば、本当の民主化は行われない〉とか〈この男を、いまここで逝《ゆ》かせてはならない〉と書かれていた。

「いや、私も初めて読んだが衝撃《しょうげき》を受けた。永田廣志の無念さが伝わってくるよ」

　先生はもう一度「読むかい」と聞いたが、勇一は永田廣志が民科の松本支部を立ち上げた話を知ったばかりだったので、

「僕はこれを読んでからにします」

と言って〈三俣山荘便り〉を机の上に出した。廣志の葬儀について知るのは早すぎると思ったのだ。

　勇一がそう言うと千恵が「私が先に読みます」と先生から本を受け取った。

　勇一は図書館に残って〈三俣山荘便り〉を開いた。「邂逅《かいこう》の人と山」には、こんなことが書いてあった。

〈昭和二十二年、また夏が来た。私は山小屋に行かなくてはならない。そこは北アルプス最奥の

黒部源流地帯で、歩いて片道二日間かかる所である〉
　永田廣志の小穴《おあな》主治医から夏の間が心配だと言われていた伊藤正一は〈もし小屋が上高地あたりにあるならば、永田さんに避暑として滞在してもらえるのに〉そう思いながら山へ入った。九月八日に山から帰ると、前日に永田廣志が亡くなったと聞かされた。
〈十五日の葬儀は無宗教葬で行われた。この時、小岩井源一さんが作られた哀悼《あいとう》の歌詞に私が作曲した歌を民科の会員が歌った。楽譜は私のところに残っているが残念ながら歌詞は紛失した〉
　葬儀に参列できないという哲学者が送ったという電文、
〈オクヤミモウス　キミハナオ　ワレラノナカニイキテアリ〉
伊藤正一は〈この言葉を私は今も忘れる事は出来ない〉と書いている。勇一の心に永田廣志に関わる人たちのことが強く残った。
　翌日の授業が終わって廊下へ出た勇一に伊藤千恵が「『無宗教葬』をぜひ読んでよ」と言った。栞《しおり》を挟んだページには、
〈妻の房子に強心剤の注射を打たせながら、西田哲学批判の原稿を口述した中野〉と書かれている。小説の中野というのが永田廣志のことで、房子は妻のゆりだった。
「わたし、読んでいて何度も胸が苦しくなった。けれど自分の特技を生かして廣志さんを助けた奥さんって素敵だと思った」
　勇一は千恵に『三俣山荘便り』を返した。

「僕は、永田廣志が死んでも人々の心の中に生きていることに感動した。それと……」

「それと、何？」

「大人がこんなに真剣に考えている永田廣志の哲学って何なのか、西田哲学批判がどうして重要なんだろうかって考えるんだ」

「それってこれから哲学の勉強をしたいってことじゃあない？」

千恵にそう聞かれて勇一はやや憮然《ぶぜん》として答えた。

「進路をどうするかは自分が決める」と。


【註】

① 京都帝国大学における講義を元に『善の研究』を出版し、『働くものから見るものへ』において「西田哲学」と呼ばれる思想の基礎を確立した。この概念は古代ギリシャのアリストテレスの「トポス（場所）」から来ている。

② 欧米の論理は「山は山である、ゆえに山である」という同一性の論理であるが、華厳経《けごんきょう》には「山は山ではない、ゆえに山である」という逆説的な論理がある。西田はそれを利用して「絶対矛盾的自己同一」と名付けた。それが皇国史観の元になっている。

③ 一九三五年に「紀元二千六百年祝典準備委員会」が発足し官民一体の恩賜《おんし》財団が創設された。併行《へいこう》して「神国日本」の国体観念を徹底させようという動きが強められ神祇院《じんぎいん》が設置された。北京神社、

④ 南洋神社（パラオ）、建国神廟《じんびょう》（満州国）など海外神社もこの年に建立された。
⑤ 野呂栄太郎が警察に検挙されたのは二年前の十一月だった。野呂はその翌年に留置場での拷問が原因で衰弱死したが、野呂の遺志は平野義太郎の『日本資本主義の機構』などに引き継がれた。
⑥ 内務省警保局長だった唐沢俊樹は中村太八郎や永田廣志と同じ山形村の出身である。
⑦ 西田は〈過去と未来とが現在において結合し、絶対に結び付かないものが結び付くが故に矛盾的自己同一として、作られるものから作るものへと動いて行く〉と述べ、〈皇室と日本精神〉とを関連付けた。
⑧ この著で廣志は、安藤昌益、三浦梅園、中江兆民、堺利彦などの業績を紹介した。福沢諭吉については〈啓蒙家として最も典型的な思想家であった〉と評価しながら〈決して平等主義者でもデモクラートでもなかった〉と断定した。
⑨ 〈五族協和〉と〈王道楽土〉を理想として「満州国」を建国した日本は「満州農業移民百万戸移住計画」を進めた。長野県からは家族移民と「満蒙開拓青少年義勇軍」の人数が特に多かった。
⑩ 一九三七（昭和十二）年三月二十五日の「信濃毎日新聞」記事。支邦人は当時使われていたまま。
⑪ 松本市の城山にある木下尚江の顕彰碑にはこう刻まれている。

何一つもたで行くこそ　故さとの無為の国への　みやげなるらし

⑫ 電文はそのあとに〈軍用艦カ護擁船ナドニ任務ヲ与ヘラレタシヘン待ツ〉と続く。
⑬ 近衛文麿は国民各層の有力な人々を結集して軍に対抗できる強力な国民組織をつくろうとした。
懲役三年の最終判決を受けた戸坂潤は終戦を目前にしながら長野刑務所で栄養失調のため獄死した。

「科学は合理的なものだ。それは公式であり、システムである。味の素のようにホーレン草にも沢庵にも利く」「おけさほど　唯物論は　ひろがらず」などの言葉を残している。

⑭研数専門学校の物理学科で学んでいた伊藤正一は、在学中に立川市にあった陸軍航空技術研究所でジェットエンジンの開発に携わっていた。戦後、永田廣志と連絡しあって「民科」を立ち上げた。一方で三俣小屋と水晶小屋の権利を買い取り、初めて雲ノ平に足を踏み入れた。

⑮三俣小屋などの山荘を経営をしている伊藤家によるミニ情報誌。発行者は伊藤正一。

⑯『高橋玄一郎文学全集』第9巻「無宗教葬」（昭和五十四年）著作者／高橋玄一郎　発行所／木菟書房

終章　永田廣志と現代

永田廣志の活動は小岩井源一や伊藤正一と立ち上げた「民科」の活動の他にも幾つかあった。アメリカがGHQを通して農地解放令を出した後、農民運動の指導に関わったのもその一つだった。

〈古い封建的な関係が残されるかぎり農民の民主主義は実現されない〉と主張していた廣志に農民組合を組織する相談が持ち込まれたのである。この時から長野県北部の町田惣一郎《そういちろう》などが永田廣志と交流するようになった。(註①)

交流はそれだけでなく身近なところでも拡がっていた。疎開して松本で活動を再開した菊地邦作は群馬県出身の養蚕家であったが、妻弘子の出身地で新たに活動を始めていた。この邦作・弘子夫妻との出会いも廣志の活動幅を広めた。

一九四六年四月に行われた衆議院選挙に長野県全区から高倉テルが立候補した。高倉テルは戦前から上田市を中心に農民組合活動を続けており永田廣志とも関わりの深い人である。

このとき手書きの選挙ポスターを作って選挙応援をしたのがまだ童画家として有名になる以

前のいわさきちひろ（本名：岩崎知弘《ちひろ》）だった。（註②）
母親の郷里へ疎開していた知弘は菊地弘子と親しくなり松本市筑摩にある菊地家に出入りした。そこでは敗戦の混乱で生き方を模索する若者たちが熱心に討論していた。この〈菊地サロン〉には永田廣志も顔を出しており、後に『あゝ野麦峠』を書いた山本茂美も来ていた。時には社会科学の古典の勉強会を開いたが、知弘はそこでも永田廣志の話を聞いた。

戦後の永田廣志の主な著作は一九四六（昭和二十一）年五月に発行された『自由主義・民主主義・社会主義・共産主義』である。廣志はこの著作で〈人道主義の原理となっているヒューマニズム〉から書き起こし〈近代の社会運動の理念〉までを述べた。

この著作でイギリスの産業革命の頃の教訓として〈手工業者が機械を破壊した運動の誤り〉を指摘した廣志は、理論を建設するために〈ドイツの古典哲学・イギリスの経済学・フランスの社会主義〉が必要だと指摘したレーニンに従って、前の時代から伝えられた歴史の解明と進むべき道を提示した。

特に注目しなくてはならないことは〈敗戦によって軍閥《ぐんばつ》は一掃されたが、その兄弟である官僚は現存している〉と指摘しつつ、最後に〈勤労大衆との強い結合の必要と多数人民の支持がなければ社会変革の実現はない〉と強調していることである。

この本は九月十日に再版が発行され、翌年の六月十日には三版が発行されている。廣志の病気は重くなり死期が迫っていたが、この本が如何《いか》に大勢の人に読まれたか分かる。

廣志の講義は分かりやすく面白かった。例えば〈量から質へ〉という講義では「頭の毛が一本抜けてもはげではないが何本抜けたらはげになるか」などと落語家の口調で笑わせた。

廣志の講義を受けた人は多いが、籏町英男《はたまちひでお》もその一人である。籏町は永田廣志と同じ山形村の生まれで廣志より六歳下だった。「山形小学校始まって以来の秀才」として意識していた永田廣志が松本市の分銅町に住んでいるのを知ると、籏町は友人と二人で訪ねていった。それ以来、廣志がひらいていた唯物論講座に熱心に参加するようになった。

『自由主義・民主主義・社会主義・共産主義』の再版後の十一月三日に日本国憲法が発布された。国の最高規範である憲法に初めて主権が国民にあることが明記され、国際紛争の手段として戦争を認めないことが宣言された。

天皇を国家元首と定めた帝国憲法がアジア太平洋戦争で何千万もの尊い命を奪ったことに対して、いま成立した日本国憲法はその賜物《たまもの》であった。

その二週間後、廣志は信濃毎日新聞に「信州と西田哲学」という評論を書いている。西田哲学の影響を受けて大勢の青少年を「満蒙開拓」に送り出した信州教育界に対して〈民主化は知性の自主性の恢復《かいふく》と、哲学を含む絶対主義的伝統の批判から出発せねばならない〉と廣志は警告した。（註③）

廣志の思想を学んだ農村の指導者たちは、古い封建的な関係が残る農村で民主主義を実現するにはどうするかについて取り組んだ。そのためには農地を、働く農民自身の所有としなくてはい

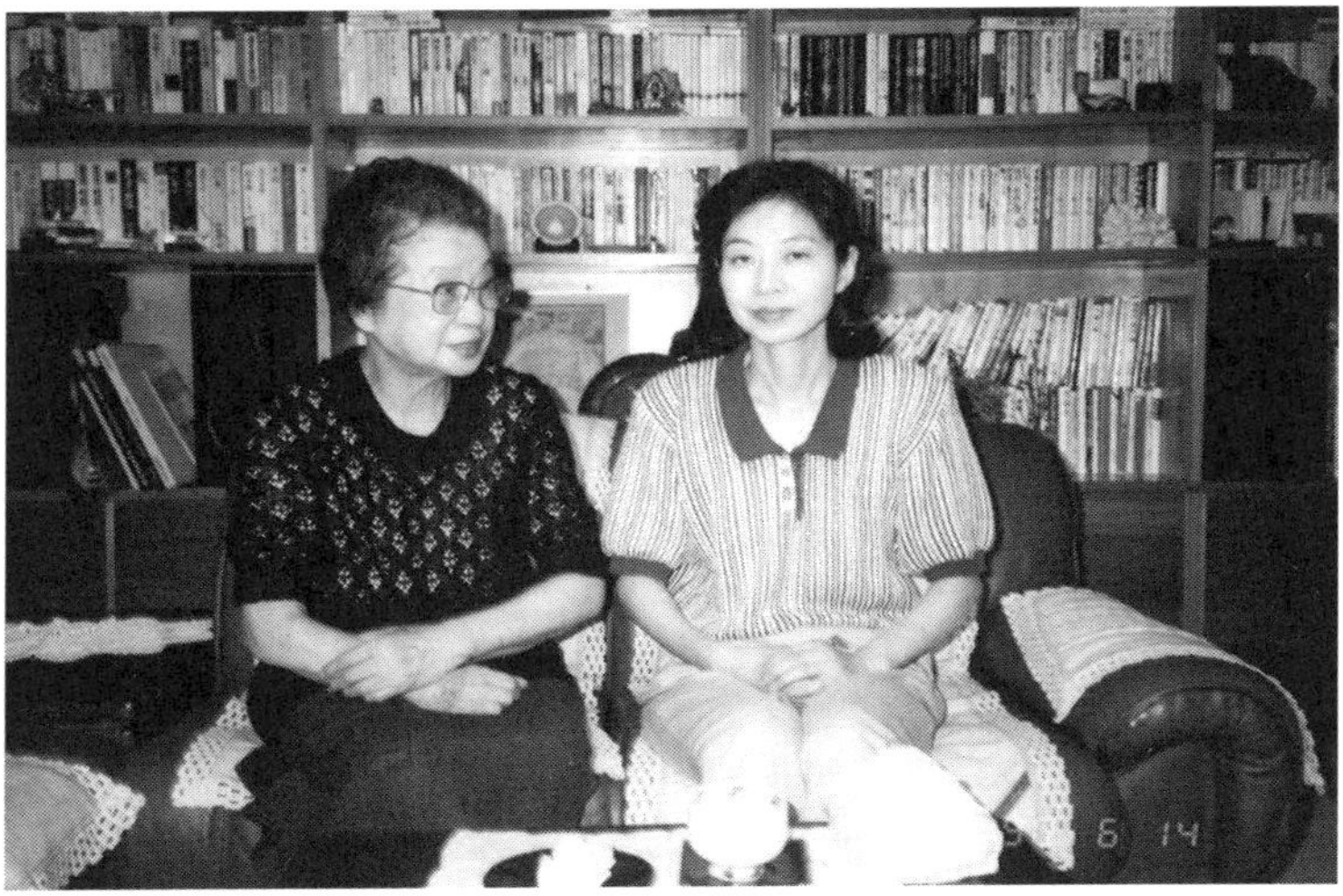

永田廣志夫人と娘則子

けない。農地改革が実施され、農村改革は農民自身の肩に委ねられることになっていった。（註④）

永田廣志の話を聞いた知弘はそのあと東京に出たが、次に菊地夫妻が出会ったのは童画家として有名になった、いわさきちひろだった。ちひろは弁護士で国会議員となった松本善明と結婚していて菊地夫妻を驚かせた。菊地夫妻の長女知子が弁護士になって入所したのが松本善明法律事務所だった。松本で岩崎知弘を〈すてきなお姉さん〉と見つめていた知子は結婚して人権派の弁護士となり、平山知子となって現在も活躍している。

＊　＊

廣志の病気が重くなったのは一九四六（昭和

二十二）年の暮れからだった。翌年になると床を離れられない日が続くようになった。それでも廣志は病床《びょうしょう》で論文を書いた。自力で書けなくなると妻ゆりに強心剤の注射を打たせながら原稿を口述《こうじゅつ》した。この二年足らずの間に著書一冊、訳書二冊、論文十八篇を発表した。その頃のことが小説『無宗教葬』に詳しく書かれている。

街の公会堂で民主日本文学会の講習会の会場にいた謙吉は〈いま奥さんから電話で廣志の調子がどうも変だから〉という連絡を受けた。小説の中での謙吉は松本中学の同級生だった小岩井源一のことである。小岩井が永田廣志の家に行くと、妻と廣志の姉の他に自由人協会から戸根という人が来ていた。（註⑤）

死期を感じていた廣志は「家内にも話したが、君の司会で無宗教葬をやってくれ給え」と小岩井に懇願する。妻に強心剤の注射を打たせながら廣志は「日本の唯物論哲学の立ち遅れを克服せねば本当の民主化は行われない」と熱意を込めて語った。

廣志の無念さと共に、ゆり夫人の献身的な言葉が印象に残る。

〈私はすぐれた、この頭脳を、ただこのまま灰にしてしまうのがもったいないのです。本当に、これからの日本の民主化のために、彼のいのちが、どんなに、大きな役割をもっているかと考えると、何とかして、この病気を癒《いや》してやりたいと、あらゆるものを犠牲にしてかかっているのですわ〉

自由人協会の戸根に廣志は、

〈――「史的唯物論入門」の最後の章は、革命理論、プロレタリア独裁《どくさい》に関する理論、ともに公式主義の嫌《きら》いがある。それを訂正したかったが、それもいけない〉と無念の気持ちを残した。

廣志の病床に集まる人の気持ちは皆同じであった。栄養になるものを探して蜂蜜《はちみつ》を持って行った簱町英男に廣志は、

「会葬してくれた人には酒肴《しゅこう》を出してくれ」とまで気を配った。食糧が極端《きょくたん》に不足する時代だったので簱町は知り合いの酒屋と仕出し屋に頼んでおいて遺族が困らないようにした。

市内に住んでいた伊藤正一も永田廣志を毎日訪問していた。だが夏の登山シーズンになると経営している山小屋に行かなくてはならない。伊藤の山小屋は北アルプス最奥の黒部源流地帯にあり歩いて片道二日間かかる。

小穴主治医から夏の間が心配だと聞かされた伊藤が山へ入り、九月八日に山から帰ると前日に廣志が亡くなっていた。一九四七年九月七日、享年《きょうねん》四十三だった。

すぐに告別式の準備をして各方面に通知を出した。葬儀に参列できない人たちからは電報が届いた。甘粕石介《あまかすせきすけ》の電文は、

〈オクヤミモウス　キミハナオ　ワレラノナカニイキテアリ〉だった。

甘粕は『理論』という雑誌を編集兼発行している。今年七月に発行された『理論』で甘粕は永

田廣志を評価したばかりだった。（註⑥）

　翌日八日に廣志の遺骸《いがい》は焼き場へ運ばれた。荼毘《だび》に付されている間に炉の前で黙祷《もくとう》ののち、小岩井源一が重々しく口を開いた。

〈いま君は、ここで親しいわれわれと別れる。再び君をみるときは、まったく変わりはてた、物質としての灰に化した君であろう。ここで、私は一同を代表して、君に別れの言葉を告げる。永遠にさようなら〉

　そう話しかけてから小岩井は生前の廣志の原稿を読み始めた。参列者は聞き漏《も》らすまいと静まりかえり、その中から女の人のすすり泣きが聞こえた。

　その一週間あとの十五日、街の公会堂で無宗教葬が行われた。

永田廣志・多摩霊園

　伊藤正一は〈この時小岩井源一さんが作られた哀悼の歌詞に私が作曲した歌を民科の会員が歌った。楽譜は私のところに残っているが残念ながら歌詞は紛失した〉と書いたが、この歌詞は高橋玄一郎の「すぐれた唯物論哲学者永田廣志」という文章の最後に載っていた。（註⑦）
　無宗教葬の最後に佐久総合病院から参列した看護婦たちがこの歌を歌うと、永田廣志を失った共通の悲しみが公会堂の中に流れた。

秋新涼《しんきょう》の信濃路の／君が故郷も愁《うれ》い濃く／
世紀を抱く哲人の／額の汗はあつかりし／
いま哀悼のきわまりて／いのちは匂《にお》う赤々と／
高原の街星ながれ／光は蒼《あお》く眼にいたむ／
うつせみの身を削りたえ／君が築きし学説は
時と処《ところ》をはるか超え／今ぞ輝く地の涯《はて》に／
山いく山の秋の晴れ／わが民族のほこりなる／
一人の君を葬《ほむ》る日は／なびけ草木も面《おも》を伏せ／
信濃の風のさみしさを／遠く運べよ海の涯／
生きの身の限りをつくし／つつましきいのち傾く／
在りし日の姿のままに／先立ちてなお君はゆく／
君は旗　つづくわれらの／世の旅のしるしなりけり／

＊　＊

「じいちゃん、何しているの」

孫の勇次にそう聞かれて彦じいさんは、

「永田廣志研究会でもらった資料の整理だよ」と答えた。食堂のテーブルの上は並べられた資料でいっぱいになっている。

「分かりやすく順番に並べて発表し易《やす》いようにするのさ」

そこには小岩井源一の回想文があり伊藤正一の「邂逅《かいこう》の人と山」があった。（註⑧）

山形村の史談会で発行している会報『郷土』のコピーもある。『郷土』を発行した太田義一という人は山形小学校の校長を最後に退職した人だが、ずっと〈永田廣志の研究を山形村史談会の仕事に〉と呼び掛けてきた。（註⑨）

「こういう地道な活動のお陰で永田廣志の哲学に出会えた。このあたりから発表しようかな」

『郷土』のコピーを手にして彦じいさんがそう言った。すると勇次が驚いたような声で、

「じいちゃん、研究発表するの？」と聞いた。

「いや、研究発表なんてすごいことじゃない。この資料を紹介するだけさ」

そう話したところへ勇一が帰ってきた。勇一はテーブルの上の資料を見て「たくさん集まったね」と言った。

彦じいさんは小説『無宗教葬』のコピーを手にして、

「読んでみるか」と勇一に聞いた。

「期末試験が済んでからにするよ」

今度の試験結果で大学の専攻を決めようと思うが、哲学を勉強するなら永田廣志のことを書いた『無宗教葬』も読んでみたい。

勇一が断《ことわ》らなかったので彦じいさんはうれしくなった。

「今度の研究会に原山さんと浅井先生が参加されるそうだよ」

永田廣志研究会はひと月おきに山形村の公民館で開かれている。

浅井先生と聞いて弟の勇次が口を開いた。

「兄ちゃん、蕎麦食べた時の先生だよね」

「お前は食べることしか憶《おぼ》えていないのか」

「違うよ。こんどまた鷹《たか》の窪《くぼ》公園へ行ってみようよ」

勇一は「期末試験が終わったらな」と言って二階へ上がった。

二階の窓から北アルプスの山々が見える。もう峰は雪で真っ白だ。目の前にはリンゴの収穫が終わった果樹園が続いている。その隣の畑では長イモの収穫をしていた。


（完）

【註】

① 日本が終戦を受け入れた後、アメリカはＧＨＱを通して農地解放令を出した。廣志は著書で農村の改革と共同行動ついて書いている。町田惣一郎は小布施町の人で廣志が「小布施の栗ようかんが食

べたい」と言っていたのは町田の影響か。

②『若きちひろへの旅』で平山知子が父邦作の言葉として「オカッパのお嬢さんが左ギッチョで素早く実に手際よく書き込む」と書いている。

③〈民主主義国には絶対者を立てる哲学は存在しない。このような哲学の流行は批判性の欠如《けつじょ》に基づくものであり、神がかり的、天降《あまくだ》り的なものを信じるように馴らされた知性の貧困の結果である〉と廣志は主張した。

④『筑摩野に生きる』で簱町英男は当時の様子を詳しく書いている。
当時の山形村では小作農が35％、これに自作農21％を加えると過半数となりそれだけ大地主が多かった。簱町は仲間と協力して農民組合を結成し、自ら農地委員となり改革に努力した。

⑤小説『無宗教葬』では、民主日本文学会も自由人協会から派遣された戸根も名前を変えて書かれているため誰のことか知り得ない。八月二十七日に松村一人が見舞いに来た記録がある。

⑥甘粕石介は一九四七年四月三十日から五月一日に永田家を訪ねている。
『理論』には永田廣志の文章から「各瞬間を絶対の深淵《しんえん》（永遠の今）で切断し、事象の発展を否定するが故に科学にとっては有害無益な詭弁《きべん》論である」という西田哲学批判を引用した。

⑦松本市の郷土出版『めぐり会った人びと』に収録。一九七七年六月八日初版。

⑧小岩井の回想は一九七二（昭和四十七）年六月の『民主長野』第２７９号。

⑨『郷土』は9号から〈近代を築いたひとびと　唯物論哲学の開拓者永田廣志〉を連載した。当時はガリ版印刷だった活字版で復刻された。

あとがき

松本中学で永田廣志と机を並べた小岩井源一は〈こんな高原の街も、ただひとりのすぐれた哲学徒の臨終《りんじゅう》の地であったことで、意味のある街になるかもしれない〉と書いた。私たちに残された課題は〈ここを意味のある街にすること〉だが、それは決して難しいことではない。

夏の終戦行事では特攻隊で戦死した上原良司が話題になり、良司の遺書は『きけ　わだつみのこえ』によって高校生によく読まれている。永田廣志が上原良司の松本中学の先輩であることを知ってもらえば、身近な存在であることに気付くだろう。

二〇〇八年八月に、有志によって『日本における唯物論の開拓者――永田廣志の生涯と業績』が出版された。もっと永田廣志の研究を深めようと永田廣志研究会を発足させ、二〇一二年六月に研究会の発足を記念して講演会を開催した。それ以来、隔月でテーマを決めて学習を続けてきた。

二〇一五年六月総会で永田廣志の伝記を制作することを決め、資料の検討と原稿の討議を行ってきたが、未解決の課題もある。『日本における唯物論の開拓者――永田廣志の生涯と業績』には貴重な弔辞が掲載されているが、弔辞を寄せられた方と永田廣志との関係が充分には明らかにできていないこともその一つである。

在日朝鮮民主青年同盟長野県本部委員長であった洪登氏の弔辞はいま読んでも永田廣志への熱

い思いが伝わってくる。永田廣志と洪登氏がどのような関係であったか明らかにできれば、永田廣志の人間関係の広がりが掴めるだろう。
多くの方々の協力を得て完成したこの伝記によって、永田廣志の生涯と業績が広範の人たちに伝わることを願ってやまない。

二〇一六年七月二十日

『君なお生きて我らの中に――永田廣志の生涯』編集委員

宮田　哲夫
永沼　孝致
下田　利幸
高山　秀子
奥原　安次
島崎　建代
田中　征男
藤沢　嘉正
武藤　明

執筆担当　桜井　政男（原　健一）

【参考文献】

『日本唯物論史』永田廣志（一九八三年／新日本出版社）
『日本における唯物論の開拓者――永田廣志の生涯と業績』鰺坂真・他（二〇〇八年／学習の友社）
『高橋玄一郎文学全集』第8巻「異説・古城中学」（一九七七年／木菟書房）
『高橋玄一郎文学全集』第9巻「無宗教葬」（一九七九年／木菟書房）
『深志百年』「昭和思想史の三人」――永田廣志・小岩井浄・和合恒男（一九七八年／『深志百年』刊行委員会）
『上條螘司――自由の花を求めて』（一九九六年／上條螘司刊行会）
『松沢求策ものがたり』松沢求策顕彰会（二〇〇一年／信濃毎日新聞社）
『長野県の歴史』県史シリーズ20　塚田正朋（一九七四年／山川出版社）
『信州民権運動史』信州民権一〇〇年実行委員会（一九八一年／銀河書房）
『長野県の百年』県民百年史20　青木孝寿・上條宏之（一九八三年／山川出版社）
『長野歴史散歩　50コース』長野県歴史教育者協議会（一九八五年／草土文化）
『平野義太郎――人と学問』編集委員会（一九八一年／大月書店）
『ある哲学者の軌跡　古在由重と仲間たち』岩倉博（二〇一二年／花伝社）
『帝国の昭和』有馬学（二〇〇二年／講談社）
『日本近現代史の発展』（上下）加藤文三（一九九四年／新日本出版社）

『未来をひらく歴史――東アジア3国の近現代史』日中韓3国共通歴史教材委員会（二〇〇五年／高文研）
『韓国の歴史教科書――高等学校韓国史』（二〇一三年／明石書店）
『日本と朝鮮の一〇〇年史』和田春樹（二〇一〇年／平凡社新書）
『「韓国併合」１００年と日本』吉岡吉典（二〇〇九年／新日本出版社）
『日本近代史の虚像と実像３』岡部牧夫・他（一九八九年／大月書店）
『自立する女性の系譜　お母さん弁護士平山知子の周辺』稲沢潤子（一九七九年／一光社）
『若きちひろへの旅』（上下）平山知子（二〇〇二年／新日本出版社）
『筑摩野に生きる』簾町英男（一九九七年二月／ナカニシ印刷出版部）
『郷土』山形村史談会会報「郷土」復刻改訂版編集委員会（二〇一三年三月／山形村史談会）
『三俣山荘便り』「邂逅の人と山」伊藤正一（二〇一三年四月二〇日／『ななかまど』第16号）
「すぐれた唯物論哲学者永田廣志」高橋玄一郎（一九七七年／郷土出版『めぐり会った人びと』）
『松本は普選実現運動発祥の地なり』（一九九五年／記念像建立委員会）
『木下尚江――信州人物風土記・近代を拓く3』宮坂勝彦（一九八六年／銀河書房）
『木下尚江顕彰碑建立記念誌』（一九七八年／木下尚江顕彰会）
『川島芳子記念堂――開設報告書』川島芳子記念室開設実行委員会（一九九九年／日本司法博物館内）

永田廣志略年譜（一九〇四年〜一九四七年）

年	永田廣志の生い立ち・たたかい・業績	日本と世界の動き
一八九七年（明治三十年）〜一九〇二年（明治三十五年）	後年、永田廣志に大きな影響を与えた同郷の中村太八郎（山形村）と木村尚江（松本市）は共に「普選」運動等を展開した。一八九七（明治三十）年七月「普選同盟」の最初の本部を松本市緑町に設置。信州松本が「普選運動」のメッカとなる。一九〇一（明治三十四）年に「信州普選同盟会」は『社会改良手段・普通選挙』（片山潜著）の冊子を作り積極的に普及した。	一八九八年十月、片山潜、幸徳秋水、安部磯雄、村井知至、木下尚江ら社会主義研究会を結成する。 一九〇〇年三月、治安警察法発布。 一九〇三年十一月、「平民社」結成、「平民新聞」創刊。
一九〇四年（明治三十六年）	四月一日、長野県東筑馬郡山形村小坂に生まれる。祖父は初代村長で自由民権運動に参加。	二月八日、日露戦争始まる。
一九一六年（大正五年）	四月、松本中学へ小学校長の特別推薦で入学、新設された自治寮に入る。同級生には小岩井源一（詩人・高橋玄一郎）、河野重弘は一年先輩。「教科は数学と英語が得意で抜群の成績、英語は原書を読んでいた。先生が聞きにきたことがある」（ゆり夫人談）。	一九〇九年五月、レーニン『唯物論と経験批判論』刊行。 一九一六年九月、中条百合子が『貧しき人々の群』を発表。 一九一七年ロシア社会主義革命。
一九二一年（大正十年）	四月、自分の意思で東京外国語学校へ入学、ロシア語を専攻、学費は祖父久吉が送る（父は送金を拒否）。	七〜八月、神戸の川崎造船所、三井造船所で三万八千人がスト（戦前最大の争議）。
一九二二年（大正十一年）	六月二十日、父宛に養子縁組解消の理由を述べた原稿用紙十六枚に及ぶ長文の手紙（唯物論哲学者の片鱗をしめしている）を送る。	七月十五日、日本共産党創立大会を開催。
一九二四年（大正十三年）	東京外語のロシア語科を卒業し朝鮮の新義州へ渡りロシアの文献を訳す。翌年、婚約者小澤喜美子を迎えるが病気で倒れる。	
一九二七年（昭和二年）	十二月、『弁証法的唯物論の哲学』（デボーリン著）を川内唯彦と共訳（叢文閣）。	五月、第一次山東出兵始める。
	この年から本格的な執筆活動を開始する。	
一九二九年（昭和四年）	「プロレタリア科学研究所」に参加。	五月、小林多喜二「蟹工船」『戦旗』に連載。

一九三一年（昭和六年）	十月、治安維持法で検挙される。日本プロレタリア文化連盟（コップ）結成に参加、「戦無」にも加盟する。	九月、柳条湖事件、中国への侵略戦争を開始。
一九三二年（昭和七年）	十月、「唯物論研究会」創立に参加。 十一月、『唯物論研究』創刊号に研究ノート「運動の理論としての弁証法の特色付けについて」を発表。	五月、野呂栄太郎らの指導下に『日本資本主義発達史講座』の刊行始まる（岩波書店）。
一九三六年（昭和十一年）	九月、『日本唯物論史』（白揚社）出版。	七月、コム・アカデミー事件で三十四人検挙。
一九三七年（昭和十二年）	一月『唯物論と経験批判論』（レーニン著）翻訳・出版（白揚社）。	十二月、南京大虐殺。
一九三八年（昭和十三年）	四月、唯物論研究会解散、『学芸』を発行し唯物論研究を続行。『日本封建制イデオロギー』（白揚社）出版。 七月、『日本哲学思想史』（三笠書房）出版。 十一月、唯物論研究事件として検挙される。	四月、国家総動員法公布。 十一月、ナチスがユダヤ人を大弾圧（水晶の夜）。
一九四五年（昭和二十年）	終戦とともに再建された日本共産党に入党。	八月九日、盟友・戸坂潤（哲学者）長野刑務所で獄死。 八月一五日、「ポツダム宣言」を受託し連合国に無条件降伏。
一九四六年（昭和二十一年）	一～二月、永田廣志・小岩井源一・伊藤正一が中心になり、松本に「民科」の支部をつくり、長野県の中心地となる。	十一月、「日本国憲法」発布。
一九四七年（昭和二十二年）	前年より「西田哲学」批判を積極的に行う。 九月七日午後六時、松本市分銅町で肺結核悪化のために逝去、九月十五日、故人の遺志により「無宗教葬」が執り行われた。	一月、マッカーサーの命令で全協議長・伊井弥四郎がゼネスト中心の放送をする。
一九四九年（昭和二十四年）	永田廣志の業績を讃えた友人達が『永田廣志選集』（白揚社）を出版する。	

永田廣志研究会

2008年発足。隔月で学習活動を続けている。

執筆：桜井政男（筆名：原　健一）
1970年信州大学人文学部卒業、日本民主主義文学会会員
主な作品：『わが村は美しく』、『松沢求策ものがたり』、『葉山嘉樹への旅』、『草の根の通信使／実録篇』など

永田廣志研究会の事務局（連絡先）
高山秀子　〒390-1301　長野県東筑摩郡山形村6832−ロ

君なお生きて我らの中に――永田廣志の生涯
2016年9月30日　初版第1刷発行

編者 ――― 永田廣志研究会
発行者 ―― 平田　勝
発行 ――― 花伝社
発売 ――― 共栄書房
〒101-0065　東京都千代田区西神田2-5-11 出版輸送ビル
電話　03-3263-3813
FAX　03-3239-8272
E-mail　kadensha@muf.biglobe.ne.jp
URL　http://kadensha.net
振替　00140-6-59661
装幀 ――― 生沼伸子
印刷・製本 ― 中央精版印刷株式会社

ISBN 978-4-7634-0792-4 C0023